会计信息化实验教程

(畅捷通 T3 版)

王新玲　主编

苏秀花　马　丽　副主编

清华大学出版社

北京

内 容 简 介

本实验教程是以普通高等院校本科、高职会计以及经济管理等相关专业"会计电算化"、"计算机会计"、"会计信息系统"等课程的教学实验使用为基本目的而编写的。

本实验教程共分11章,在第1章中简略介绍了会计信息化实验教程的特色、设计思想及使用方法;在第2章至第11章中以畅捷通T3(10.8.2版)为蓝本,分别介绍了企业财务业务一体化管理中最重要和最基础的总账、报表、工资、固定资产及采购、销售、库存、核算等子系统的基本功能,并以实验的方式介绍了以上模块的使用方法。

本实验教程以财务业务一体化管理为主导思想,突破了单纯介绍财务软件的局限,反映了软件发展的时代特征,同时兼顾了可操作性。本实验教程中共编写了13个实验,并提供了实验准备账套和结果账套,每个实验既环环相扣,又可以独立运作,适应不同层次教学的需要。

本书可作为各类院校会计及相关经济管理专业的教材,也可供广大会计工作者参考使用。

本书封面贴有清华大学出版社防伪标签,无标签者不得销售。

版权所有,侵权必究。举报:010-62782989,beiqinquan@tup.tsinghua.edu.cn。

图书在版编目(CIP)数据

会计信息化实验教程:畅捷通T3版/王新玲 主编 —北京:清华大学出版社,2015(2022.2重印)
ISBN 978-7-302-41111-6

Ⅰ.会… Ⅱ.①王… Ⅲ.①会计信息—财务管理系统—高等学校—教材 Ⅳ.F232

中国版本图书馆CIP数据核字(2015)第183412号

责任编辑:刘金喜
封面设计:久久度文化
责任校对:成凤进
责任印制:丛怀宇

出版发行:清华大学出版社
网　　址:http://www.tup.com.cn,http://www.wqbook.com
地　　址:北京清华大学学研大厦A座　　邮　编:100084
社 总 机:010-62770175　　邮　购:010-62786544
投稿与读者服务:010-62776969,c-service@tup.tsinghua.edu.cn
质 量 反 馈:010-62772015,zhiliang@tup.tsinghua.edu.cn

印 装 者:三河市龙大印装有限公司
经　　销:全国新华书店
开　　本:185mm×260mm　　印　张:15.25　　字　数:362千字
　　　　　(附光盘一张)
版　　次:2015年9月第1版　　印　次:2022年2月第6次印刷
定　　价:58.00元

产品编号:063779-03

前　言

现代信息技术在发展过程中，与社会诸领域及其各个层面动态地相互作用，形成信息化过程。会计信息化是现代信息技术与会计的融合，是应用现代信息技术对传统手工会计体系进行的变革，其目的是建立以信息技术为技术特征的新的信息会计体系。会计信息化是企业信息化的一部分，也是企业信息化之路中最容易实施并取得成效的突破口。

从早期的会计电算化到当今的会计信息化，得益于一批有识之士的不懈努力，其中便有一支致力于推进教育信息化的庞大队伍。他们及时、适时地把最新的管理理念、管理软件与教育教学过程相结合，以培养企业需要的实用型人才为目标，以教材、多媒体学习资料等为载体，传播着一种文化和一种信息化的思维方式。我们有幸作为其中的一员，在自己所擅长的领域，常耕不怠，矢志创新，从本套课件体系架构上可见一斑。

1. 体系结构

本实验教程共分 11 章，第 1 章简略介绍了会计信息化实验教程的特色、设计思想及使用方法；第 2 章至第 11 章以畅捷通 T3(10.8.2 版)为蓝本，分别介绍了企业财务业务一体化管理中最重要和最基础的总账、报表、工资、固定资产及采购、销售、库存和存货管理、核算等子系统的基本功能，并以实验的方式介绍了以上模块的使用方法。

2. 内容设计

除第 1 章和第 2 章外，每章都包括系统概述、系统业务处理和数量不等的上机实验等内容。

系统概述部分着重用来描述本章所介绍的用友通管理系统提供的功能、该系统与其他子系统的数据传递关系、业务操作流程，使学生对该系统有一个粗略的了解。

系统业务处理对子系统提供的功能做了一定程度的展开，使学生了解该系统能够处理哪些类型的业务。

上机实验部分是本教程的重点，每个上机实验都按照实验目的、实验内容、实验准备、实验资料、实验要求、操作指导的内容展开。实验目的部分明确了通过该实验学生应该掌握的知识及技能；实验内容部分简要地介绍了本项实验应完成的主要工作；实验准备部分指出了为了完成本实验应该具备的知识及应事先准备的数据环境；实验资料部分提供了企业真实的经济业务，作为实验的背景资料；实验要求部分对完成实验提出了具体要求；而为顺利完成实验，操作指导部分针对实验资料给出了具体的操作方法，并借助注意事项对实验中遇到的问题给予特别提示。

此外，为方便教学，本实验教程附带教学光盘，其中包含畅捷通 T3(10.8.2 版)教学版软件、各实验的备份数据及 PPT 课件。

3. 特色品味

为了满足不同层次、不同教学条件会计信息系统实验的需要，经过反复论证和精心设计，形成了本实验教程逻辑清晰、贴心打造、独树一帜的风格，其特色归纳如下。

- **独具匠心的实验设计**

本实验教程中的上机实验以一个核算主体的业务活动贯穿始终，每个实验反映企业核算的不同方面。尤其是购销存部分的实验指导，摒弃了一般实验指导书中按子系统功能展开的思路，以企业实际业务流程为主线，便于学员对系统的整体把握。

- **贴心备至的周密考虑**

考虑到实验环境的不稳定性，对每个实验结果都保留了一个标准账套。这样，学生既可以通过它对照自己的实验结果，也可以在实验数据不完备的情况下，按照实验中"实验准备"内容的要求，把基础数据引入系统，就开始下一内容的实验，从而有效地利用教学时间。

- **随心所欲的拼装组合**

考虑到不同专业、不同教学对象的教学学时不同，因此，实验设计为"拼板"方式，既可以由上至下顺序进行，也可以由教师根据教学条件、学员基础和教学目标，任意选择其中的若干实验，给予教学最大限度的自由度。

- **无师自通不再是梦**

考虑到在一定的教学条件下，很多实验在规定的教学学时内无法安排，需要由学生在课外自行完成，因此对每个实验的方方面面都做了周密考虑，尤其是操作指导部分，针对不同业务给予非常详尽的操作步骤，以此为对照，学生便可以按部就班地完成全部实验，掌握管理软件的要领。

4. 教学建议

为了使本实验适用于不同教学条件下的教学需要，根据实验内容为教师提供以下教学课时分配供参考。以每课时 45 分钟标准计算，每个实验所需课时如下表所示。

实验教学课时分配一览表

实 验 内 容	讲 授 课 时	上 机 课 时	合 计
实验一　系统管理	2	2	4
实验二　基础档案设置	2	4	6
实验三　总账系统初始设置	2	4	6
实验四　总账管理日常业务处理	2	4	6
实验五　总账管理期末处理	2	2	4
实验六　财务报表管理	2	4	6
实验七　工资管理	2	4	6
实验八　固定资产管理	2	4	6

(续表)

实验内容	讲授课时	上机课时	合　计
实验九　购销存系统初始设置	2	2	4
实验十　采购管理	4	4	8
实验十一　销售管理	4	4	8
实验十二　库存管理	2	2	4
实验十三　存货核算	2	2	4
总计	30	42	72

本实验教程可以单独使用，也可以作为《会计信息系统》、《计算机会计》等不同教材的配套实验用书。根据不同专业培养目标上的差异性以及不同学校、不同学科教学学时的限制，也可以选择其中的重点内容在教师指导下学习，其余内容留作自学。

本实验教程主要供高等财经院校会计、经济信息管理等有关专业教学使用，也可以作为会计、财务人员及业务人员会计信息系统应用培训和业务培训的学习资料。

本实验教程由王新玲(天津财经大学)主编，苏秀花(天津财经大学)、马丽(河北工业职业技术学院)为副主编。王新玲编写第1至第4章，苏秀花编写第6章至第8章，马丽编写第9章至第11章，李少云(天津中德职业技术学院)编写第5章。参加本书编写的还有王腾、王贺雯、张冰冰、周宏、宋郁、汪刚、吕志明、吴彦文、陈利霞、房琳琳、彭飞、陈江北、张霞、康莉、李冬梅等。

在本实验教程的编写过程中我们虽然付出不少努力，但由于作者本身的局限，缺点、错漏在所难免。我们诚挚地希望读者对本实验教程的不足之处给予批评指正。

本书PPT课件可通过http://www.tupwk.com.cn/downpage下载。

服务邮箱：wkservice@vip.163.com。

作　者

2015年3月

目 录

第1章 系统应用基础 ··· 1
1.1 T3简介 ··· 1
1.1.1 功能概述 ··· 1
1.1.2 功能结构 ··· 1
1.2 安装实训平台T3 ··· 2
1.2.1 系统运行环境 ··· 2
1.2.2 安装数据库及其补丁 ·· 3
1.2.3 安装T3 ·· 3

第2章 系统管理与基础档案设置 ··· 7
2.1 系统管理 ··· 7
2.1.1 功能概述 ··· 7
2.1.2 比较相关概念 ··· 9
2.1.3 建立新年度核算体系 ·· 9
2.2 基础档案设置 ··· 10
2.2.1 基础档案整理 ·· 10
2.2.2 基础档案录入 ·· 11
实验一 系统管理 ·· 12
实验二 基础档案设置 ·· 22

第3章 总账管理 ·· 37
3.1 总账管理系统概述 ·· 37
3.1.1 总账系统功能概述 ·· 37
3.1.2 总账子系统与其他子系统的主要关系 ····················· 38
3.1.3 总账管理系统的业务流程 ··································· 38
3.2 总账管理系统初始设置 ·· 40
3.2.1 选项设置 ··· 40
3.2.2 明细账权限 ·· 40
3.2.3 期初余额 ··· 40
3.3 总账日常业务处理 ·· 41
3.3.1 凭证管理 ··· 41
3.3.2 账簿管理 ··· 45
3.3.3 现金管理 ··· 47

    3.3.4 往来管理 ··· 49
    3.3.5 项目管理 ··· 50
  3.4 总账期末处理 ·· 50
    3.4.1 自动转账 ··· 50
    3.4.2 对账 ··· 52
    3.4.3 结账 ··· 52
  实验三 总账系统初始设置 ·· 53
  实验四 总账管理日常业务处理 ·· 59
  实验五 总账管理期末处理 ·· 77

第4章 报表管理 ·· 87
  4.1 报表管理系统概述 ·· 87
    4.1.1 报表的分类 ··· 87
    4.1.2 报表管理系统的基本功能 ··· 87
    4.1.3 报表编制的基本概念及基本原理 ··································· 88
    4.1.4 报表编制的基本流程 ··· 91
  4.2 财务报表编制 ·· 92
    4.2.1 自定义会计报表 ··· 92
    4.2.2 利用模板快速编制财务报告 ······································· 94
    4.2.3 报表公式定义 ··· 95
    4.2.4 编制现金流量表 ··· 98
  4.3 报表输出 ·· 99
    4.3.1 报表查询 ··· 99
    4.3.2 图表分析 ··· 99
  实验六 财务报表管理 ·· 100

第5章 工资管理 ··· 109
  5.1 工资管理系统概述 ··· 109
    5.1.1 工资管理的主要功能 ·· 109
    5.1.2 工资管理系统与其他系统的关系 ·································· 110
    5.1.3 工资管理系统操作流程 ·· 110
  5.2 工资管理系统初始化 ··· 110
    5.2.1 建立工资账套 ·· 111
    5.2.2 基础信息设置 ·· 111
    5.2.3 工资类别管理 ·· 111
    5.2.4 录入期初工资数据 ·· 112
  5.3 工资管理系统日常业务处理 ··· 113

5.3.1 工资变动 ·················113
5.3.2 个人所得税的计算与申报 ·················113
5.3.3 工资分摊 ·················114
5.3.4 工资分钱清单 ·················114
5.3.5 银行代发 ·················114
5.3.6 工资数据查询统计 ·················114
5.4 期末处理 ·················115
5.4.1 月末结转 ·················115
5.4.2 年末结转 ·················115
实验七 工资管理 ·················115

第6章 固定资产管理 ·················135
6.1 固定资产管理系统概述 ·················135
6.1.1 固定资产管理功能概述 ·················135
6.1.2 固定资产管理系统与其他系统的主要关系 ·················135
6.1.3 固定资产管理系统的业务流程 ·················135
6.2 固定资产管理系统的初始化 ·················136
6.2.1 固定资产参数设置 ·················136
6.2.2 设置基础数据 ·················137
6.2.3 输入期初固定资产卡片 ·················138
6.3 固定资产日常业务处理 ·················138
6.3.1 资产增减 ·················138
6.3.2 资产变动 ·················138
6.3.3 卡片管理 ·················139
6.3.4 资产评估 ·················140
6.3.5 生成凭证 ·················140
6.3.6 账簿管理 ·················140
6.4 固定资产系统期末处理 ·················141
6.4.1 计提减值准备 ·················141
6.4.2 计提折旧 ·················142
6.4.3 对账 ·················142
6.4.4 月末结账 ·················142
实验八 固定资产管理 ·················143

第7章 购销存初始设置 ·················157
7.1 购销存系统概述 ·················157
7.1.1 购销存系统应用方案 ·················157

         7.1.2 购销存系统业务处理流程 157
    7.2 购销存系统初始化 158
         7.2.1 购销存系统业务参数设置 158
         7.2.2 设置基础档案 158
         7.2.3 客户往来和供应商往来期初数据 160
         7.2.4 购销存系统期初数据 160
    实验九 购销存系统初始设置 161

第8章 采购管理 171
    8.1 采购管理概述 171
         8.1.1 功能概述 171
         8.1.2 采购管理系统与其他系统的主要关系 171
    8.2 采购管理系统日常业务处理 172
         8.2.1 采购订单管理 172
         8.2.2 普通采购业务 173
         8.2.3 采购退货业务 175
         8.2.4 现付业务 176
         8.2.5 付款结算 176
         8.2.6 转账业务 176
         8.2.7 综合查询 177
         8.2.8 月末结账 177
    实验十 采购管理 178

第9章 销售管理 193
    9.1 销售管理概述 193
         9.1.1 功能概述 193
         9.1.2 销售管理系统与其他系统的主要关系 193
    9.2 销售管理日常业务处理 194
         9.2.1 销售订货管理 194
         9.2.2 普通销售业务 195
         9.2.3 销售退货业务 196
         9.2.4 现收业务 197
         9.2.5 代垫运费业务 197
         9.2.6 收款结算 197
         9.2.7 转账业务 197
         9.2.8 综合查询 198
         9.2.9 月末处理 198

实验十一　销售管理 ………………………………………………………………… 199

第 10 章　库存管理 ……………………………………………………………………… 211
10.1　系统概述 ……………………………………………………………………… 211
10.1.1　功能概述 ……………………………………………………………… 211
10.1.2　库存管理系统与其他系统的主要关系 …………………………… 211
10.2　库存日常业务处理 …………………………………………………………… 212
10.2.1　入库业务处理 ………………………………………………………… 212
10.2.2　出库业务处理 ………………………………………………………… 213
10.2.3　其他业务 ……………………………………………………………… 213
　　实验十二　库存管理 ………………………………………………………………… 214

第 11 章　核算 …………………………………………………………………………… 223
11.1　系统概述 ……………………………………………………………………… 223
11.1.1　功能概述 ……………………………………………………………… 223
11.1.2　核算系统与其他系统的主要关系 ………………………………… 223
11.2　核算系统日常业务处理 ……………………………………………………… 224
11.2.1　入库业务处理 ………………………………………………………… 224
11.2.2　出库业务处理 ………………………………………………………… 224
11.2.3　单据记账 ……………………………………………………………… 224
11.2.4　调整业务 ……………………………………………………………… 224
11.2.5　暂估处理 ……………………………………………………………… 225
11.2.6　生成凭证 ……………………………………………………………… 225
11.2.7　综合查询 ……………………………………………………………… 225
11.2.8　月末处理 ……………………………………………………………… 225
　　实验十三　存货核算 ………………………………………………………………… 226

第 1 章

系统应用基础

现代信息技术在发展过程中,与社会诸领域及其各个层面动态地相互作用,形成信息化过程。会计信息化是现代信息技术与会计的融合。具体地说,会计信息化是全面运用以计算机、网络和通信为主的信息技术对伴随企业经营过程发生的原始数据进行获取、加工、传输、存储、分析等处理,为企业经营管理、控制与决策提供及时、准确的信息。会计信息化是企业管理信息化的一部分。

本实验教程选择了畅捷通 T3 10.8.2 版(以下简称 T3)软件系统作为实训平台,来对会计信息化处理的各个方面进行详细介绍。

1.1　T3 简介

1.1.1　功能概述

T3 是一款面向小微企业的财务、业务一体化管理软件,用来帮助企业管好财务、理清业务。简单来讲,可以帮助企业做账、出报表、算工资、管资产、做分析;还能与税务一体应用。

1.1.2　功能结构

软件系统通常由若干个子系统(也称功能模块)组成,每个子系统具有特定的功能,各个子系统之间又存在紧密的数据联系,它们相互作用、相互依存形成一个整体。

功能结构是指软件系统由哪些功能模块组成,各个功能模块之间又具有怎样的关系。T3 的功能模块主要包括总账系统(含往来管理、现金银行、项目管理)、报表、出纳管理、工资管理、固定资产、财务分析、采购管理、销售管理、库存管理和核算管理功能模块,此外，还集成了老板通、票据通、税务管家几部分。图 1-1 描述了 T3 主要功能模块之间的数据关系。

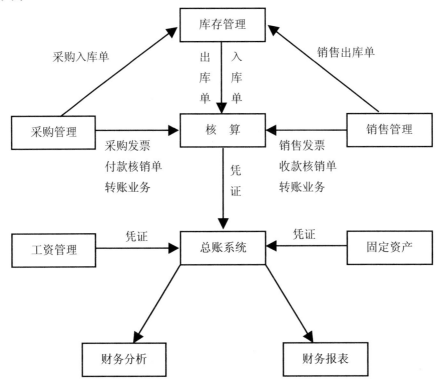

图 1-1　T3 主要模块间的数据关系

本书选择了 T3 中的财务管理部分(包括总账管理、财务报表、工资管理和固定资产管理)以及企业业务管理的主体内容(包括采购管理、销售管理、库存管理和核算)作为学习内容。

使用本实验教程之前，最好先了解会计信息化基本工作原理，或者在每一个实验开始之前，由教师简要介绍相关背景知识、企业业务内容及系统实现原理，然后再开始实验，以有效巩固所学理论，熟练掌握财务业务一体化管理软件的基本操作，理解计算机环境下的信息处理方式。

1.2　安装实训平台 T3

1.2.1　系统运行环境

T3 属于应用软件范畴，需要按以下要求配置硬件环境，准备系统软件，如表 1-1 所示。

表 1-1 T3 要求的软件和硬件环境

分类		最低配置	推荐配置
硬件环境	单机版	CPU PIII 550MHz 或以上，内存 128MB 或以上，硬盘至少 10GB 以上	内存 512MB 或以上，CPU 1.6GHz，硬盘 40GB 以上
	网络版	网络服务器：CPU PIII 800MHz 或以上，内存 256MB 或以上，硬盘至少 20GB 以上	内存 1GB 或以上，CPU 2GHz，硬盘 80GB 以上
软件环境	操作系统	Windows XP +Sp1 或者 Sp2、Windows 2003 Server+SP1、Windows 2000 Server +Sp4、Windows 7	
	数据库	SQL Server 2000、MSDE 2000、SQL Server 2005	
	浏览器	IE+IIS	

1.2.2 安装数据库及其补丁

T3 要求以 SQL Server 2000 作为后台数据库。SQL Server 2000 有个人版、标准版、企业版、专业版等多种版本，建议服务器上安装 SQL Server 2000 标准版；客户端视其安装的操作系统安装 SQL Server 2000 标准版或个人版。

注意：

- 如果计算机中已装有 SQL Server 2000 数据库,会在任务栏显示有 的服务管理器图标。
- 如果没有 SQL Server 2000 软件，T3 安装盘上提供了 MSDE 2000 安装程序供用户使用。MSDE 2000 是 SQL Server 数据库的数据引擎，只提供了最基本的 SQL 数据库功能，缺乏 SQL 数据库进行管理的许多工具，但足以支持 T3 的运行。安装 MSDE 2000 与安装 SQL 数据库后使用产品的方法完全相同。

1.2.3 安装 T3

1. 安装前的注意事项

为确保系统安装成功，提醒大家在安装之前注意以下问题。

- 安装前，请由系统管理员或具有同等权限的人员登录(用户 ID 属于 Administrators 组)，进行安装。
- 安装产品的计算机名称中不能带有"-"或者用数字开头。
- T3 不能和用友其他版本的软件安装在同一个操作系统中。
- 安装产品之前关闭防火墙和实时监控系统。

2. 安装示例

下面以在一台计算机中既安装 MSDE 2000 数据库,又安装畅捷通 T3-标准版为例,说明软件的安装方法。

① 双击光盘中的"AutoRun"图标,单击"安装"按钮,打开"畅捷通 T3-标准版"安装界面,如图 1-2 所示。

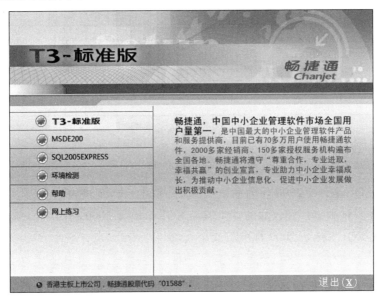

图 1-2 "畅捷通 T3-标准版"安装界面

② 在安装软件前,首先应进行所需系统环境的检测,单击左侧列表中的"环境检测"选项,打开系统环境检测结果界面,如图 1-3 所示。

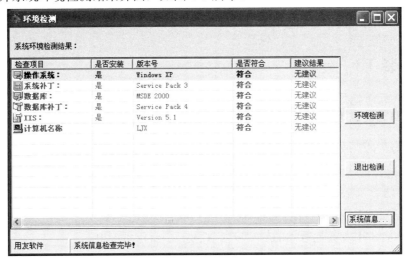

图 1-3 系统环境检测

提示：

IIS 的安装可以通过选择"Windows 控制面板"|"添加/删除程序"|"Windows 组件"命令来进行。安装时需要插入 Windows 系统盘。

③ 系统环境满足后，可单击图 1-2 中的 MSDE 2000 选项，安装 MSDE 2000 数据库。

提示：

- 安装 MSDE 2000 后，重新启动系统。
- 重新启动后，在屏幕右下角任务栏中会出现一个标志，表明 MSDE 2000 安装成功。

④ 单击"T3 标准版"选项，开始安装畅捷通 T3—标准版。安装过程中，保持系统默认设置，只需单击"下一步"按钮即可。

注意：

- 安装完成后需要重新启动系统。
- 系统安装完成后预装了 998 演示账套(工业企业、小企业会计制度)和 999 演示账套(工业企业、新会计制度)。

第 2 章

系统管理与基础档案设置

软件安装完成后，正式开始处理企业业务之前，还需要在系统中完成必需的一些基础性工作，也就是本章将介绍的两部分内容：系统管理和基础档案设置。

2.1 系统管理

T3 由多个子系统组成，各个子系统服务于企业的不同层面，为不同的管理需要服务。子系统本身既具有相对独立的功能，彼此之间又具有紧密的联系，它们共用一个企业数据库，拥有公共的基础信息、相同的账套和年度账，共同完成一体化的财务核算与管理工作。

2.1.1 功能概述

系统管理是 T3 为各个子系统提供的公共管理平台，用于对整个系统的公共任务进行统一管理，如企业账套及年度账的建立、修改、删除、备份和恢复，操作员及权限的集中管理，系统安全运行的管理及控制等。系统管理主要包括以下几个方面的管理功能。

1. 账套管理

账套是一组相互关联的数据。每一个独立核算的企业都有一套完整的账簿体系，把这样一套完整的账簿体系建立在 T3 中就称为一个账套。每一个企业都可以为其每一个独立核算的下级单位建立一个核算账套。换句话说，在 T3 中，可以为多个企业(或企业内多个独立核算的部门)分别建立账套，且各账套数据之间相互独立、互不影响，使资源得以最大程度的利用。

账套管理功能一般包括建立账套、修改账套、删除账套、备份/恢复账套等。

2. 年度账管理

年度账与账套是两个不同的概念。在 T3 中不仅可以建立多个企业账套，而且每个账套中可以存放不同年度的会计数据，不同年度的数据存放在不同的数据库中，称为年度账。采用账套—年度账两级管理，系统结构清晰，含义明确，可操作性强，方便数据查询分析与管理。

年度账管理包括年度账的建立、恢复、备份和结转上年数据，清空年度数据。

3. 系统操作员及操作权限的集中管理

为了保证系统及数据的安全与保密，系统管理提供了操作员及操作权限的集中管理功能。通过对系统操作分工和权限的管理，一方面可以避免与业务无关的人员进入系统；另一方面可以对系统所包含的各个子产品的操作进行协调，以保证各负其责，流程顺畅。

操作权限的集中管理包括设置操作员、分配功能权限。

4. 设立统一的安全机制

对企业来说，系统运行安全、数据存储安全是必须的，为此，每个应用系统都无一例外地提供了强有力的安全保障机制。如设置对整个系统运行过程的监控机制、清除系统运行过程中的异常任务等。

5. 系统启用

系统启用是指设定在 T3 中各个子系统开始使用的日期。只有启用后的子系统才能进行登录。

在 T3 中，企业建账的工作流程如图 2-1 所示，遵循这一流程，可以快速、准确地完成企业账套的创建过程。

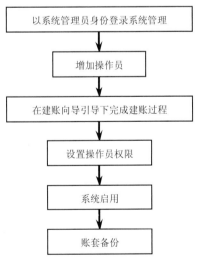

图 2-1　企业建账的工作流程

2.1.2 比较相关概念

1. 账套备份和恢复

账套备份功能是指将所选的账套数据输出到指定存储介质。账套备份的作用如下。

(1) 保证数据安全

为了避免由于病毒入侵、硬盘故障等不可预见的灾害，企业应定期将系统中的数据进行备份。一旦数据损坏，可以通过恢复最近一次备份的数据及时还原系统。

(2) 解决集团公司数据合并问题

子公司的账套数据可以定期备份并被恢复到总公司的系统中，以便进行账套数据的分析和合并。如果需要定期将子公司的账套数据恢复到总公司系统中，最好预先在建立账套时就进行规划，为每一个子公司设置不同的账套号，以避免恢复子公司数据时因账套号相同而覆盖其他账套的数据。

对于年度账数据来说，也有恢复和备份操作，其含义和操作方法与账套的恢复和备份是相同的，所不同的是年度账恢复和备份的操作对象不是针对整个账套，而是针对账套中的某一年度的年度账。

恢复账套功能是指将系统外某账套数据导入到本系统中。恢复账套是备份账套的对应操作。

2. 系统管理员与账套主管

系统允许以两种身份注册进入系统管理。一种是以系统管理员的身份，另一种是以账套主管的身份。

系统管理员负责整个系统的总体控制和数据维护工作，他可以管理该系统中所有的账套。以系统管理员身份注册进入，可以进行账套的建立、恢复和备份，设置操作员，指定账套主管，设置和修改用户的密码及其权限等。

账套主管负责所选账套的维护工作。主要包括对所选账套参数进行修改、对年度账的管理(包括年度账的建立、清空、恢复、备份和结转上年数据)，以及该账套操作员权限的设置。

2.1.3 建立新年度核算体系

新年度到来时，应设置新年度核算体系，即设置新年度的账簿并将上年余额过渡到新年度，以便开始新的一年的核算。年度账的管理工作由账套主管全权负责，因此，需要以账套主管的身份注册进入系统管理。新年度建账流程如下。

(1) 年度账备份

在新年度核算体系建立前，首先要将上年度的业务处理完毕，然后选择"年度账"|"备份"命令，做好年度账的备份工作。

(2) 建立新年度账

选择"年度账"|"建立"命令，建立新年度账。系统按年度先后顺序建立，不能修改会计年度。

(3) 结转上年数据

持续经营是会计假设之一。企业的会计工作是一个连续性的工作。每到年末，启用新账套时，需要将上年度中相关账户的余额及其他信息结转到新年度账中。

年度账建立成功后，选择"系统"|"注销"命令，再以新年度重新注册，选择"年度账"|"结转上年数据"命令，进行上年数据结转。

注意：

- 若某年度账中错误太多，或不希望将上年度的余额或其他信息全部转到下一年度，就需要选择"年度账"|"清空年度数据"命令。"清空"并不是将年度账的数据全部清空，还可以保留一些必要信息，如基础信息、科目等。
- 结转上年数据时，必须遵循以下顺序：首先结转供应链管理系统各模块的上年余额，再结转应收应付款管理系统的上年余额，最后结转总账系统的上年余额。

(4) 调整相关事项

成功结转上年余额后，在新年度日常业务开始之前，可以对某些事项做调整。例如，可以增加、修改或删除科目；对于已经两清的单位和个人项目可以删除等。

(5) 新年度日常业务

相关事项调整完毕后，就可以开始新年度的日常业务处理了。

2.2 基础档案设置

T3 是由多个子系统构成的，这些子系统共享企业基础信息，如部门、客户、人员等。建立企业账套只是在计算机中形成一套空数据文件，还需要把企业业务处理所需要的基础信息输入系统，作为日常业务处理的基础数据。

2.2.1 基础档案整理

T3 是财务业务一体化管理系统，基础数据不仅涉及财务部门，还涉及业务部门，因此数据收集、整理的工作量很大。

计算机信息处理的特点主要表现在数据处理速度快，精确度高，分析、统计、汇总方便等，而基础档案是计算机汇总统计的依据。按照 T3 的要求，如果先期目标仅仅是财务信息化，则需要准备的基础数据如表 2-1 所示。

表 2-1 基础档案的整理

基础档案分类	基础档案目录	档案用途	前提条件
机构设置	部门档案	设置与企业财务核算和管理有关的部门	先设置部门编码方案
	职员档案	设置企业的各个职能部门中需要对其核算和业务管理的职工信息	先设置部门档案,才能在其下增加职员
往来单位	客户分类	便于进行业务数据的统计、分析	先确定对客户分类 然后确定编码方案
	客户档案	便于进行客户管理和业务数据的录入、统计、分析	先建立客户分类档案
	供应商分类	便于进行业务数据的统计、分析	先确定对供应商分类 然后确定编码方案
	供应商档案	便于进行供应商管理和业务数据的录入、统计、分析	先建立供应商分类档案
	地区分类	针对客户/供应商所属地区进行分类,便于进行业务数据的统计、分析	
财务	会计科目	设置企业核算的科目目录	先设置科目编码方案及外币
	凭证类别	设置企业核算的凭证类型	
	外币	设置企业用到的外币种类及汇率	
	项目目录	设置企业需要对其进行核算和管理的对象、目录	可将存货、成本对象、现金流量直接作为核算的项目目录
收付结算	结算方式	资金收付业务中用到的结算方式	
	付款条件	设置企业与往来单位协议规定的收、付款折扣优惠方法	
	开户银行	设置企业在收付结算中对应的开户银行信息	

2.2.2 基础档案录入

T3 由多个子系统构成,如总账、工资、固定资产、购销存系统等,这些子系统有很多信息是公用的,如部门、职员、会计科目等,另外也有一些基础信息为部分模块所特有,如收发类别、仓库档案等为购销存系统所特有。本节先介绍一些公共基础档案的录入,主要侧重于与财务系统相关的基础档案设置,而与购销存系统相关的基础档案,将在第 7 章介绍。

实验一　系统管理

【实验目的】

1. 掌握 T3 中系统管理的相关内容。
2. 理解系统管理在整个系统中的作用及基础设置的重要性。

【实验内容】

1. 增加操作员。
2. 建立企业核算账套。
3. 进行系统启用。
4. 企业岗位分工。
5. 备份/恢复账套数据。
6. 修改账套参数。

【实验准备】

已正确安装 T3。

【实验资料】

1. 建立新账套

(1) 账套信息

账套号：661；账套名称：华腾科技；采用默认账套路径；启用会计期：2015 年 1 月；会计期间设置：默认。

(2) 单位信息

单位名称：华腾电子科技有限公司；单位简称：华腾科技；单位地址：北京市海淀区中关村北大街 118 号；法人代表：楚雄；邮政编码：100028；联系电话及传真：62495499；税号：110117329878622。

(3) 核算类型

该企业的记账本位币：人民币(RMB)；企业类型：工业企业；行业性质：2007 年新会计准则；账套主管：丁力；选中"按行业性质预置科目"复选框。

(4) 基础信息

该企业有外币核算，进行经济业务处理时，需要对存货、客户、供应商进行分类。

(5) 分类编码方案

该企业的分类方案如下。

- 科目编码级次：4222
- 客户和供应商分类编码级次：122

其余采用系统默认。

(6) 数据精度

该企业对存货数量、单价小数位定为 2。

(7) 系统启用

启用总账系统，启用时间为 2015-01-01。

2. 企业内部分工

(1) 101　丁力

岗位：账套主管

负责财务业务一体化管理系统运行环境的建立，以及各项初始设置工作；负责管理软件的日常运行管理工作，监督并保证系统的有效、安全、正常运行；负责总账管理系统的凭证审核、记账、账簿查询、月末结账工作；负责报表管理及其财务分析工作。

具有系统所有模块的全部权限。

(2) 102　王蒙蒙

岗位：出纳

负责现金、银行账管理工作。

具有出纳签字、现金管理的操作权限。

(3) 103　秦艳

岗位：总账会计、往来会计

负责总账系统的凭证管理工作以及客户往来和供应商往来管理工作。

具有总账管理、往来、应收管理、应付管理的全部操作权限。

(4) 104　曾楠

岗位：采购主管

主要负责采购业务处理。

具有公用目录设置、采购管理、销售管理、库存管理、核算管理的全部操作权限。

(5) 105　侯勇(口令：5)

岗位：销售主管

主要负责销售业务处理。

权限与采购主管曾楠相同。

注意：

以上权限设置只是为了实验中的学习，与企业实际分工可能有所不同，企业相关操作员比较多，分工比较细致。

3. 修改、备份及恢复账套数据

按照企业实际业务情况，供应商无须进行分类，修改账套反映这一变化。

备份账套数据，观察账套备份形成的文件。

利用账套备份数据恢复账套。

【操作指导】

1. 以系统管理员身份注册进入系统管理

① 选择"开始"|"程序"|"T3 系列管理软件"|"T3"|"系统管理"命令,进入"T3-标准版〖系统管理〗"窗口。

② 选择"系统"|"注册"命令,打开"注册〖控制台〗"对话框。

③ "服务器"文本框中默认为本地计算机名称,如果本机即为服务器或是单机用户,则默认当前设置;否则单击 按钮,打开"网络计算机浏览"对话框,从中选择要登录的服务器名称。

④ 在"用户名"文本框中输入系统管理员"admin",系统默认管理员密码为空,如图 2-2 所示。

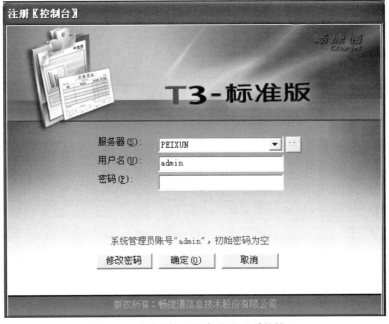

图 2-2　以系统管理员身份登录系统管理

⑤ 单击"确定"按钮,系统管理界面最下行的状态栏中显示当前操作员"admin"。

注意:

- admin 是系统默认的系统管理员,不区分大小写,其初始密码为空。
- 为了保证系统的安全性,在"注册〖控制台〗"对话框中,可以设置或更改系统管理员的密码。如设置系统管理员密码为"super"的操作步骤是:单击"修改密码"按钮,打开"设置操作员口令"对话框,在"新密码"和"确认密码"后面的输入区中均输入"super",最后单击"确定"按钮,返回控制台。
- 一定要牢记设置的系统管理员密码,否则无法以系统管理员的身份进入系统管理。考虑到实际教学环境,建议不要设置系统管理员密码。

2. 增加操作员

① 选择"权限"|"操作员"命令,进入"操作员管理"窗口。

② 单击"增加"按钮,打开"增加操作员"对话框,增加"101 丁力",如图 2-3 所示。

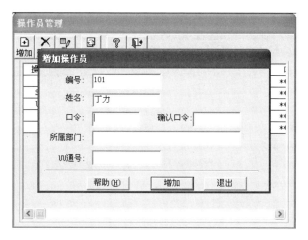

图 2-3　增加操作员

③ 根据所给实验资料输入操作员信息,每增加一个操作员后,单击"增加"按钮增加下一位操作员,全部完成后,单击"退出"按钮返回。

注意:

- 增加操作员时可以只输入操作员编号和姓名,操作员在登录 T3 时可以随时修改自己的登录口令,以防止他人盗用自己的业务处理权限。
- 未使用的操作员可以通过"删除"功能从系统中删除。
- 已使用但调离本企业的操作员可以通过"修改"功能将该操作员注销,状态为"注销"的操作员此后不允许再登录本系统。

3. 建立账套

① 选择"账套"|"建立"命令,打开"创建账套—账套信息"对话框。

② 输入账套信息。

已存账套:系统将已存在的账套以下拉列表框的形式显示,用户只能查看,不能输入或修改,目的是避免重复建账。

账套号:账套号是该企业账套的唯一标识,必须输入,且不得与系统内已经存在的账套号重复。可以输入 001～999 之间的 3 个数字,本例输入账套号"661"。

账套名称:账套名称可以输入核算单位的简称,必须输入,进入系统后它将显示在正在运行的软件的界面上。本例输入"华腾科技"。

账套路径:用来确定新建账套将要被放置的位置,系统默认的路径为"C:\UFSMART\Admin\",用户可以手动更改,也可以利用 按钮进行参照输入,本例采用系统的默认路径。

启用会计期：指开始使用计算机系统进行业务处理的初始日期，必须输入，系统默认为计算机的系统日期，更改为"2015年1月"。

输入完成后，设置如图2-4所示。单击"下一步"按钮，打开"创建账套——单位信息"对话框。

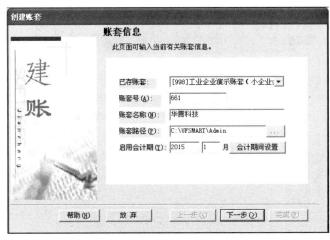

图2-4 创建账套——账套信息

③ 输入单位信息。

单位名称：用户单位的全称，必须输入。企业全称只在发票打印时使用，其余情况全部使用企业的简称。本例输入"华腾电子科技有限公司"。

单位简称：用户单位的简称，最好输入。本例输入"华腾科技"。

其他栏目都属于任选项，参照所给资料输入即可。

输入完成后，如图2-5所示。单击"下一步"按钮，打开"账套信息——核算类型"对话框。

图2-5 创建账套——单位信息

④ 输入核算类型。

本币代码：必须输入。本例采用系统默认值"RMB"。

本币名称：必须输入。本例采用系统默认值"人民币"。

企业类型：用户必须从下拉列表框中选择输入。系统提供了工业、商业两种类型，本例选择"工业"。

行业性质：用户必须从下拉列表框中选择输入，系统按照所选择的行业性质预置科目。本例选择行业性质为"2007年新会计准则"。

账套主管：必须从下拉列表框中选择输入。本例选择"101丁力"。

按行业性质预置科目：如果用户希望预置所属行业的标准一级科目，则选中该复选框。本例选择"按行业性质预置科目"。

输入完成后，如图2-6所示。单击"下一步"按钮，打开"创建账套——基础信息"对话框。

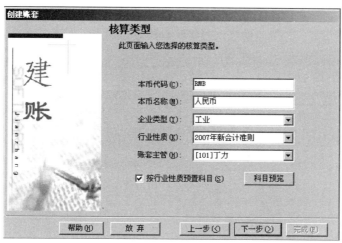

图2-6 创建账套—核算类型

⑤ 输入基础信息。

如果单位的存货、客户、供应商相对较多，可以对它们进行分类核算。如果此时不能确定是否进行分类核算，也可以建账完成后由账套主管在"修改账套"功能中设置分类核算。

按照本例要求，选中"存货是否分类"、"客户是否分类"、"有无外币核算"几个复选框，如图2-7所示。单击"下一步"按钮，打开"创建账套——业务流程"对话框，采购流程和销售流程采用系统默认的标准流程。单击"完成"按钮，弹出系统提示"可以创建账套了吗？"，单击"是"按钮，稍候，打开"分类编码方案"对话框。

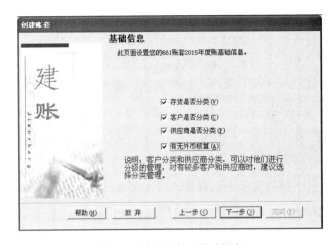

图 2-7 创建账套—基础信息

⑥ 设置分类编码方案。

为了便于对经济业务数据进行分级核算、统计和管理，系统要求预先设置某些基础档案的编码规则，即规定各种编码的级次及各级的长度。

按资料所给内容修改系统默认值，如图 2-8 所示，单击"确认"按钮，打开"数据精度定义"对话框。

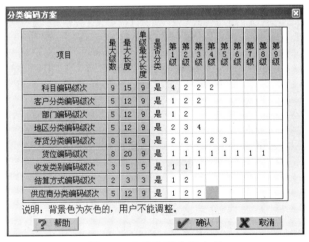

图 2-8 分类编码方案定义

⑦ 数据精度定义。

数据精度涉及核算精度问题。涉及购销存业务环节时会输入一些原始单据，如发票、出/入库单等，需要填写数量及单价，数据精度定义是确定有关数量及单价的小数位数。设置完成后，单击"确认"按钮，系统弹出提示"数据精度的定义发生了改变，是否保存修改结果？"，单击"是"按钮，系统再次弹出提示"创建账套｛华腾科技：[661]｝成功"。单击"确定"按钮，系统弹出提示"是否立即启用账套？"，单击"是"按钮，进入"系统启用"窗口。

4. 系统启用

既可以系统管理员的身份启用系统，也可以账套主管的身份启用系统。在"系统启用"窗口中，选中要启用的系统前的复选框，系统弹出"日历"对话框。选择总账启用日期为"2015-01-01"，如图 2-9 所示，单击"确定"按钮返回。

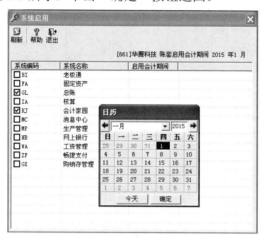

图 2-9　系统启用

注意：
各子系统的启用会计期间必须大于或等于账套的启用期间。

如果在建账完成后再启用系统，需要在系统管理中，选择"系统"|"注销"命令，注销系统管理员，再重新选择"系统"|"注册"命令，打开"注册〖控制台〗"对话框，从"用户名"下拉列表中选择"[101]丁力"，选择"[661]华腾科技"，单击"确定"按钮，以账套主管身份注册进入系统管理。然后选择"账套"|"启用"命令，进入"系统启用"窗口。

5. 权限设置

(1) 指定账套主管

可以在两个环节中确定企业账套的账套主管。一个是在建立账套环节，如图 2-10 所示；一个是在权限设置环节。只有系统管理员能够指定账套主管。

指定账套主管的操作步骤如下。

① 以系统管理员身份注册进入系统管理，选择"权限"|"权限"命令，进入"操作员权限"窗口。

② 从账套列表下拉框中选择"[661]华腾科技"。

③ 在操作员列表中选择"demo"，选中"账套主管"复选框，系统弹出提示"设置操作员[demo]账套主管权限吗？"，如图 2-10 所示。

④ 单击"是"按钮，确定。

注意：
- 一个账套可以设定多个账套主管，但整个系统只有一个系统管理员。
- 账套主管自动拥有该账套的所有权限。

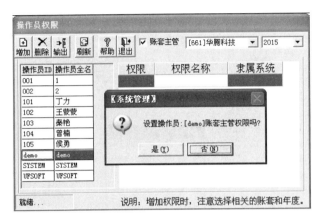

图 2-10　指定账套主管

(2) 给操作员赋权

系统管理员和账套主管都可以给操作员赋权。

给操作员王蒙蒙赋权的操作步骤如下。

① 在"操作员权限"窗口中，从操作员列表中选择"102 王蒙蒙"，从账套列表下拉框中选择"[661]华腾科技"，单击"增加"按钮，打开"增加权限——[102]"对话框。

② 在"产品分类选择"列表中双击"CS 现金管理"，使之变为蓝色，右侧与现金管理相对应的明细项目自动选中(蓝色显示)。

③ 在"产品分类选择"列表中单击"GL 总账"，在右侧列表中找到"出纳签字"功能，双击选中，如图 2-11 所示。完成后，单击"确定"按钮返回。

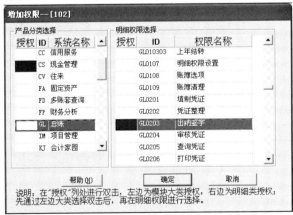

图 2-11　为操作员赋权

④ 依此类推，设置其他操作员的权限。

6. 修改账套

① 如果现在是以系统管理员身份登录的系统管理,请选择"系统"|"注销"命令,注销当前操作员,然后选择"系统"|"注册"命令,以账套主管"101 丁力"的身份登录系统管理,如图 2-12 所示。

图 2-12 以账套主管身份登录系统管理

② 选择"账套"|"修改"命令,打开"修改账套"对话框,单击"下一步"按钮找到账套基础信息,去掉"供应商是否分类"选项,单击"完成"按钮,依次确认返回。

7. 备份账套

① 重新以系统管理员身份注册进入系统管理,选择"账套"|"备份"命令,打开"账套备份"对话框,如图 2-13 所示。

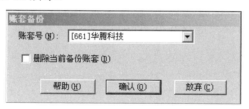

图 2-13 账套备份

② 从"账套号"下拉列表中选择要输出的账套,单击"确认"按钮。

③ 系统对所要备份的账套数据进行压缩处理,稍候,系统压缩完成,打开"选择备份目标"对话框。

④ 确定存放账套备份数据的文件夹,单击"确认"按钮,系统弹出提示"硬盘备份完毕!",单击"确定"按钮。

注意：
- 只有系统管理员有权限进行账套的备份和恢复。备份账套之前，最好关闭所有系统模块。
- 账套备份时形成两个文件。UF2KAct.Lst 为账套信息文件；UFDATA 是账套数据文件。
- 如果将"删除当前输出账套"复选框选中，系统会先备份数据，然后进行删除确认提示，最后删除当前账套。

8. 恢复账套

① 以系统管理员身份注册进入系统管理，选择"账套"|"恢复"命令，打开"恢复账套数据"对话框，如图 2-14 所示。

图 2-14　恢复账套数据

② 选择要恢复的账套数据备份文件，系统输出的备份文件前缀为 UF2KAct，单击"打开"按钮，系统弹出提示"此项操作将覆盖当前账套的所有信息，继续吗？"，单击"是"按钮，系统进行账套数据的恢复，完成后提示"账套[661]恢复成功！"，单击"确定"按钮返回。

实验二　基础档案设置

【实验目的】
1. 理解基础档案的作用。
2. 掌握基础档案的录入方法。

【实验内容】
基础档案设置。

【实验准备】

引入"实验一"账套数据。

【实验要求】

以"101 丁力"的身份进行基础档案设置。

【实验资料】

1. 部门信息(见表 2-2)

表 2-2 部门信息

部门编码	部门名称	负责人
1	企管办	楚雄
2	财务部	丁力
3	采购部	曾楠
4	销售部	
401	销售一部	侯勇
402	销售二部	张茜
5	生产部	

2. 职员信息(见表 2-3)

表 2-3 职员信息

职员编号	职员姓名	所属部门	职员属性	职员编号	职员姓名	所属部门	职员属性
101	楚雄	企管办	总经理	301	曾楠	采购部	部门经理
201	丁力	财务部	部门经理	401	侯勇	销售一部	部门经理
202	王蒙蒙	财务部	出纳	402	张茜	销售二部	部门经理
203	秦艳	财务部	会计	501	姜海北	生产部	仓库主管

3. 地区分类(见表 2-4)

表 2-4 地区分类

地区分类编码	地区分类名称
01	北方
02	南方

4. 客户分类(见表2-5)

表2-5 客户分类

客户分类编码	客户分类名称
1	批发商
2	代理商
3	零散客户

5. 客户档案(见表2-6)

表2-6 客户档案

客户编号	客户名称	客户简称	所属分类码	所属地区码	税号	开户银行	账号	分管部门	专营业务员
001	北华管理软件学院	北华	1	01		工行北京分行	11015892349	销售一部	侯勇
002	天友电子技术公司	天友	3	01	1104298391011412	工行天津分行	22100032341	销售二部	张茜
003	北京图书大厦	北图	2	01	1203243242342113	工行北京分行	10210499852	销售二部	张茜

6. 供应商分类

本企业只有几个主要供应商，长期稳定，不需要分类管理。

7. 供应商档案(见表2-7)

表2-7 供应商档案

供应商编号	供应商名称	供应商简称	所属分类码	所属地区码	税号	开户银行	账号	分管部门	分管业务员
001	新华印刷厂	新华	00	01	110108534875344	工行北京分行	10543982199	采购部	曾楠
002	众诚信息科技有限公司	众诚	00	01	110843543722553	工行北京分行	43828943234	采购部	曾楠
003	百汇电子科技有限公司	百汇	00	01	110108534875645	工行北京分行	10543988561	采购部	曾楠

8. 外币设置

本企业采用固定汇率核算外币,外币只涉及美元一种,美元币符假定为 USD,2015 年 1 月初汇率为 6.65。

9. 会计科目

本企业常用会计科目如表 2-8 所示。

表 2-8 企业常用会计科目

科目编号及名称	辅助核算	方 向	币别/计量单位	备注
库存现金(1001)	日记账	借		修改
银行存款(1002)	银行账、日记账	借		修改
人民币户(100201)	银行账、日记账	借		新增
美元户(100202)	银行账、日记账	借	美元	新增
应收票据(1121)	客户往来	借		修改
应收账款(1122)	客户往来	借		修改
预付账款(1123)	供应商往来	借		修改
其他应收款(1221)		借		
备用金(122101)	部门核算	借		新增
应收个人款(122102)	个人往来	借		新增
坏账准备(1231)		贷		
材料采购(1401)		借		
原材料(1403)		借		
光盘(140301)	数量核算	借	张	新增
复印纸(140302)	数量核算	借	包	新增
库存商品(1405)	项目核算	借		修改
应付票据(2201)	供应商往来	贷		修改
应付账款(2202)	供应商往来	贷		修改
预收账款(2203)	客户往来	贷		修改
应付职工薪酬(2211)		贷		
应付工资(221101)				新增
应付福利费(221102)				新增
社会保险费(221103)				新增
工会经费(221104)				新增
教育经费(221105)				新增
应交税费(2221)		贷		
应交增值税(222101)		贷		新增
进项税额(22210101)		贷		新增
销项税额(22210105)		贷		新增

(续表)

科目编号及名称	辅助核算	方向	币别/计量单位	备注
生产成本(5001)		借		
材料费(500101)	项目核算	借		新增
人工费(500102)	项目核算	借		新增
制造费(500103)	项目核算	借		新增
其他(500104)		借		新增
制造费用(5101)		借		
工资(510101)		借		新增
折旧费(510102)		借		新增
其他(510103)		借		新增
主营业务收入(6001)	项目核算	贷		修改
主营业务成本(6401)	项目核算	借		修改
销售费用(6601)		借		
工资(660101)		借		复制
办公费(660102)		借		复制
差旅费(660103)		借		复制
招待费(660104)		借		复制
折旧费(660105)		借		复制
管理费用(6602)		借		
工资(660201)	部门核算	借		新增
办公费(660202)	部门核算	借		新增
差旅费(660203)	部门核算	借		新增
招待费(660204)	部门核算	借		新增
折旧费(660205)	部门核算	借		新增
财务费用(6603)		借		
利息支出(660301)		借		新增
手续费(660302)		借		新增

利用增加、修改、成批复制等功能完成对会计科目的编辑。

指定会计科目。指定"1001 库存现金"为现金总账科目；指定"1002 银行存款"为银行总账科目；指定"1001 库存现金、1002 银行存款、1012 其他货币资金"为现金流量科目。

10. 凭证类别(见表2-9)

表2-9 凭证类别

凭 证 分 类	限 制 类 型	限 制 科 目
收款凭证	借方必有	1001,100201,100202
付款凭证	贷方必有	1001,100201,100202
转账凭证	凭证必无	1001,100201,100202

11. 项目

(1) 华腾科技"产品"项目大类、分类及产品明细如表2-10。

表2-10 项 目 目 录

项目大类	项目大类：产品		
项目分类	多媒体		软件
核算科目＼项目	01 下厨房	02 养生智慧	03 电子教室
1405 库存商品		是	
500101 材料费		是	
500102 人工费		是	
500103 制造费		是	
6001 主营业务收入		是	
6401 主营业务成本		是	

(2) 预置"现金流量"项目大类。

12. 结算方式(见表2-11)

表2-11 结 算 方 式

结算方式编码	结算方式名称	票 据 管 理
1	现金结算	否
2	支票结算	否
201	现金支票	是
202	转账支票	是
3	银行汇票	否
4	商业汇票	否
401	商业承兑汇票	否
402	银行承兑汇票	否
9	其他	否

13. 付款条件(见表2-12)

表2-12 付 款 条 件

编码	信用天数	优惠天数1	优惠率1	优惠天数2	优惠率2	优惠天数3	优惠率3
01	30	5	2				
02	60	5	4	15	2	30	1

14. 开户银行

编码：01；名称：工商银行北京分行中关村分理处；账号：831658796225。

【操作指导】

1. 输入部门信息

① 选择"开始"|"程序"|"T3系列管理软件"|"T3"|"T3"命令，打开"注册〖控制台〗"对话框。以账套主管身份注册，如图2-15所示，单击"确定"按钮，系统自动进入"期初档案录入"窗口，关闭该窗口，出现T3主界面。

注意：

在"期初档案录入"窗口中，也可以直接双击某图标进入该项基础档案录入窗口，也可以关闭该窗口，通过选择功能菜单进行基础档案录入。

图2-15 以账套主管身份登录T3控制台

② 选择"基础设置"|"机构设置"|"部门档案"命令，进入"部门档案"窗口。

③ 单击"增加"按钮，输入部门编码、部门名称信息，单击"保存"按钮。

注意：

在未建立职员档案前，不能选择输入负责人信息。待职员档案建立完成后，通过"修改"功能补充输入负责人信息。

2. 建立职员档案

① 在 T3 主界面，选择"基础设置"|"机构设置"|"职员档案"命令，进入"职员档案"窗口。

② 输入职员编号、职员名称，参照输入所属部门及职员属性，输入完成后，回车进入下一行，上一行内容将自动保存。

注意：

职员档案建立完成后，可重新进入部门档案，通过"修改"功能增加负责人信息。

3. 建立地区分类

在 T3 主界面，选择"基础设置"|"往来单位"|"地区分类"命令，进入"地区分类"窗口。

操作步骤略。

4. 建立客户分类

在 T3 主界面，选择"基础设置"|"往来单位"|"客户分类"命令，进入"客户分类"窗口。

操作步骤略。

5. 建立客户档案

操作步骤略。

6. 供应商档案

操作步骤略。

7. 外币设置

① 在 T3 主界面，选择"基础设置"|"财务"|"外币种类"命令，进入"外币设置"窗口。

② 输入币符"USD"，币名"美元"，其他项目采用默认值，单击"确认"按钮。

③ 输入 2015 年 1 月初的记账汇率"6.65"，按"Enter"键确认，如图 2-16 所示。

图 2-16 外币设置

④ 单击"退出"按钮,完成外币设置。

8. 会计科目

(1) 增加会计科目

① 在 T3 主界面,选择"基础设置"|"财务"|"会计科目"命令,进入"会计科目"窗口。

② 单击"增加"按钮,打开"会计科目_新增"对话框,如图 2-17 所示。将表 2-8 的"备注"栏中标注为"新增"的会计科目输入系统中。

图 2-17 增加会计科目

③ 按资料输入各个项目,单击"确定"按钮保存。

(2) 利用"成批复制"功能增加会计科目

当完成销售费用下明细科目的增加后,可以利用"成批复制"功能增加管理费用下的明细科目,操作步骤如下。

① 在"会计科目"窗口中,选择"编辑"|"成批复制"命令,打开"成批复制"对话框。

② 输入复制源科目编码"6602"和目标科目编码"6601",如图 2-18 所示。单击"确认"按钮,保存。

图 2-18　成批复制会计科目

(3) 指定会计科目

① 在"会计科目"窗口中,选择"编辑"|"指定科目"命令,打开"指定科目"对话框。

② 选择"现金总账科目"单选按钮,从"待选科目"列表框中选择"1001 库存现金"科目,单击">"按钮,将现金科目添加到"已选科目"列表中。

③ 同理,将银行存款科目设置为银行总账科目,如图 2-19 所示。

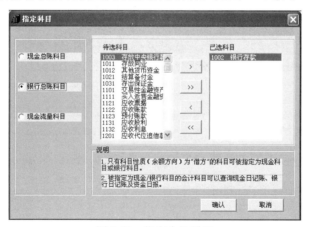

图 2-19　指定会计科目

④ 单击"确认"按钮,保存。

9. 凭证类别

① 在 T3 主界面,选择"基础设置"|"财务"|"凭证类别"命令,打开"凭证类别

预置"对话框。

② 选择"收款凭证 付款凭证 转账凭证"单选按钮，如图 2-20 所示。

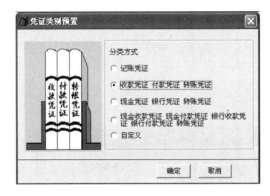

图 2-20　凭证类别设置—类别选择

③ 单击"确定"按钮，进入"凭证类别"窗口。

④ 双击"限制类型"，出现下拉箭头，选择"借方必有"，选择或输入限制科目"1001,100201,100202"，设置过程如图 2-21 所示。

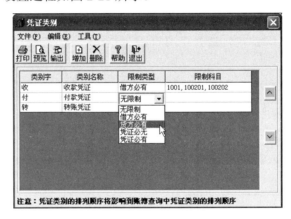

图 2-21　凭证类别设置—限制科目设置

注意：

限制科目之间的标点符号一定为半角符号，单击 Esc 键可以退出增加类别状态。

⑤ 同样，设置其他限制类型和限制科目。

10．增加产品项目

① 在 T3 主界面，选择"基础设置"|"财务"|"项目目录"命令，进入"项目档案"窗口。

② 单击"增加"按钮，打开"项目大类定义_增加"对话框。

③ 输入新项目大类名称"产品"，选择新增项目大类的属性为"普通项目"，如图

2-22所示。

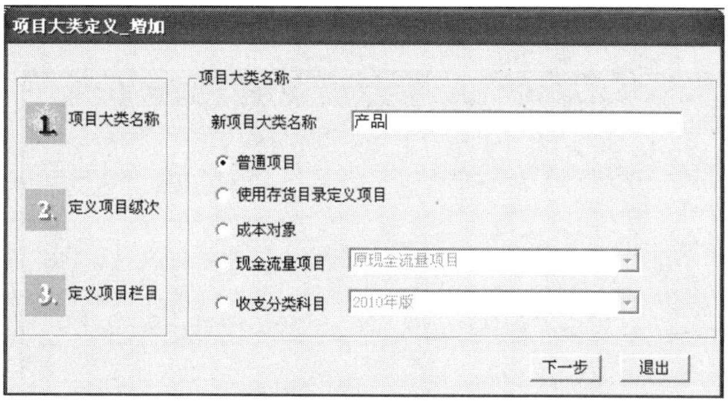

图 2-22 新增项目大类

④ 单击"下一步"按钮,打开"定义项目级次"对话框,设定项目级次:一级1位。如图 2-23 所示。

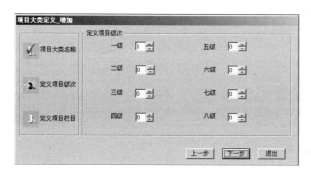

图 2-23 定义项目级次

⑤ 单击"下一步"按钮,打开"定义项目栏目"对话框,使用系统默认,不做修改。
⑥ 单击"完成"按钮,返回"项目档案"界面。
⑦ 从"项目大类"下拉列表中选择"产品",选择"核算科目"单选按钮,单击 ⌄ 按钮将全部待选科目选择为按产品项目大类核算的科目,单击"确定"按钮保存,如图 2-24 所示。

图 2-24 选择项目核算科目

⑧ 选择"项目分类定义"单选按钮,输入分类编码"1",分类名称"多媒体",如图 2-25 所示,单击"确定"按钮。

图 2-25　项目分类定义

⑨ 选择"项目目录"单选按钮,单击"维护"按钮,进入"项目目录维护"窗口。
⑩ 单击"增加"按钮,输入项目如图 2-26 所示。

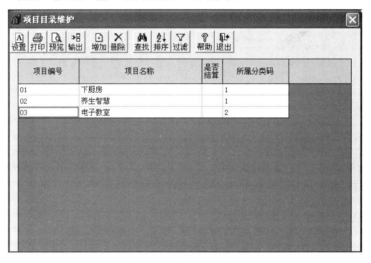

图 2-26　项目目录维护

11. 增加"现金流量"项目

① 在"项目档案"窗口中,单击"增加"按钮,打开"项目大类定义_增加"对话框。
② 选中"现金流量项目"单选按钮,新项目大类名称中自动出现"现金流量项目"且不得修改,如图 2-27 所示。

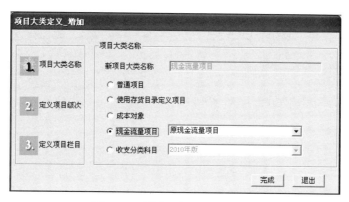

图 2-27 预置现金流量项目大类

③ 单击"完成"按钮,系统弹出"预置完毕"信息提示框,单击"确定"按钮返回。
④ 查看现金流量项目大类的项目分类信息及项目目录。

12. 结算方式

① 在 T3 主界面,选择"基础设置"|"收付结算"|"结算方式"命令,进入"结算方式"窗口。
② 按要求输入企业常用结算方式,如图 2-28 所示。

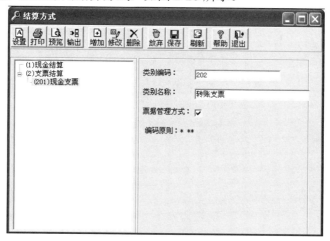

图 2-28 结算方式定义

13. 付款条件

操作步骤略。

14. 开户银行

操作步骤略。

最后,备份实验二账套数据。

第 3 章

总 账 管 理

3.1 总账管理系统概述

3.1.1 总账系统功能概述

总账管理系统是 T3 的核心子系统。

总账系统的任务就是在建立的会计科目体系的基础上,通过填制凭证反映企业发生的各项经济业务,对凭证进行审核、记账,输出各种账簿。按照处理流程划分,主要分为初始设置、凭证管理、账簿管理、辅助核算管理和期末处理等。

1. 初始设置

由用户根据本企业的具体需要建立账务应用环境,将 T3 总账管理系统变成适合本单位实际需要的专用系统。主要工作包括各项业务参数的设置、明细账权限的设定和期初余额的录入等。

2. 凭证管理

通过严密的制单控制保证填制凭证的正确性。提供资金赤字控制、支票控制、预算控制、外币折算误差控制以及查看最新余额等功能,加强对发生业务的及时管理和控制,完成凭证的录入、审核、记账、查询、打印,以及出纳签字、常用凭证定义等。

3. 账簿管理

强大的查询功能使整个系统实现总账、明细账、凭证联查，并可查询包含未记账凭证的最新数据。可随时提供总账、余额表、明细账、日记账等标准账表的查询。

4. 辅助核算管理

总账管理系统除了提供总账、明细账、日记账等主要账簿数据的查询外，还提供以下辅助核算管理：个人往来核算、部门核算、往来管理、现金管理和项目管理。

5. 月末处理

(1) 灵活的自定义转账功能、各种取数公式可满足各类业务的转账工作。

(2) 自动完成月末分摊、计提、对应转账、销售成本、汇兑损益、期间损益结转等业务。

(3) 进行试算平衡、对账、结账，生成月末工作报告。

3.1.2 总账子系统与其他子系统的主要关系

总账子系统与其他子系统的主要关系如图3-1所示。

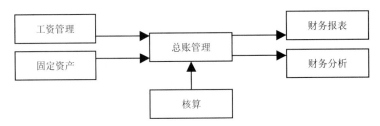

图3-1 总账子系统与其他子系统的主要关系

3.1.3 总账管理系统的业务流程

总账管理系统的业务流程如图3-2所示。

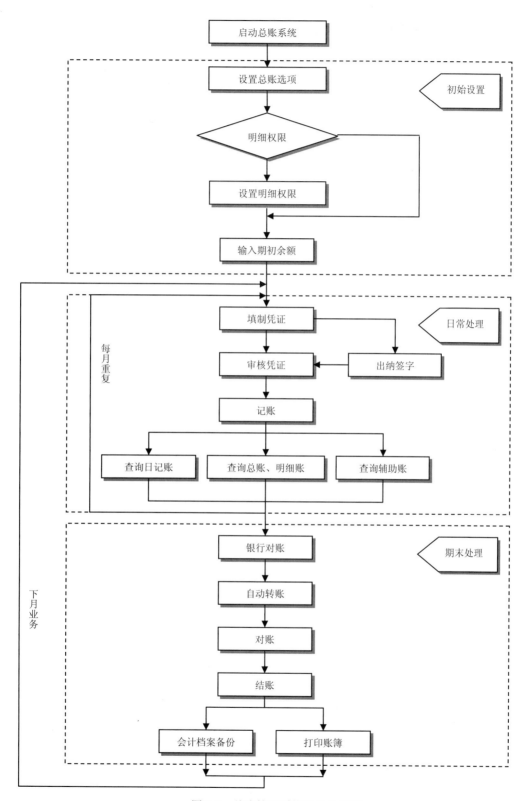

图 3-2 总账管理系统的业务流程

3.2 总账管理系统初始设置

从原有系统(手工系统或计算机系统)过渡到新系统并不是完全照抄照搬,而是需要有一个重新设计的过程。总账初始化就是结合企业的具体管理需求和 T3 的特点确定针对企业的业务流程及解决方案,具体体现为设置总账管理系统运行的各项参数及录入初始数据。

3.2.1 选项设置

首次使用总账管理系统时,需要确定反映企业具体核算要求的各种参数。通过选项设置定义总账管理系统的输入控制、处理方式、数据流程、输出格式等。总账管理系统中按控制内容将总账选项归并为凭证、账簿、会计日历和其他四类内容。

3.2.2 明细账权限

系统管理中对操作员已做了功能权限的授权,但仅限于系统功能菜单一级,不能提供更明确的权限区分。当需要对操作员的权限做进一步的细化,如希望制单权限控制到科目、凭证审核权限控制到操作员、明细账查询控制到科目等,就要在设置选项时对以上选项作选中标记,再到"明细权限"功能中进行设置。

3.2.3 期初余额

为了保证业务处理的连续性,初次使用总账管理系统时,应将经过整理的总账启用日期前一个月的手工账余额数据录入计算机,以此为起点继续未来的业务处理。在总账管理系统中主要输入各科目余额,包括明细科目余额和辅助账余额,总账科目余额自动计算。计算机信息系统需要的期初数据包括各科目的年初数、1 月至建账当前月的借贷方累计发生额及期末余额 3 项数据。由于 3 个数据项之间存在内在联系,因此,只需要输入借贷方累计发生额和期末余额,就可以计算出年初数。例如,某企业 2015 年 4 月开始启用总账系统,那么,应将该企业 2015 年 3 月末各明细科目的期末余额及 1 月至 3 月的累计发生额整理出来,录入到总账系统中,系统将自动计算年初余额;若科目有辅助核算,还应整理各辅助项目的期初余额。

如果企业选择年初建账,由于各科目本年无发生额,因此只需要准备各科目期初余额,大大简化了数据准备工作,这正是很多企业选择年初建账的原因。年初建账的另外一个优势是年度数据完整,便于今后的数据对比及分析。

在输入期初数据的过程中,需要注意以下问题。

1. 不同性质科目的余额输入

在总账期初余额表中，用不同的颜色区别了三种不同性质的科目。显示为白色的单元格表示该科目为末级科目，可以输入期末余额；显示为黄色的单元格表示该科目为非末级科目，输入末级科目余额后该科目余额自动汇总生成；显示为蓝色的单元格表示该科目设置了辅助核算，需要双击该单元格进入辅助账期初余额录入界面，辅助账期初余额输入完成退出后，总账相应期初余额自动生成。

注意：
设置了辅助核算的科目可以直接录入累计发生额数据。

2. 关于科目的余额方向

在手工科目体系中，允许存在上级科目与明细科目余额方向不一致的情况，如"应交税金"科目余额方向为"贷"，而"应交税金—应交增值税—进项税"科目余额方向为"借"。在 T3 管理系统中，上级科目与明细科目的余额方向必须一致。这样，"应交税金"科目及其所有明细科目的余额方向均为"贷"，当期末余额与规定的余额方向不一致时，输入"－"号表示。

如果需要改变科目的余额方向，可单击工具栏上的"方向"按钮。

3. 期初试算平衡

期初余额输入完成后，单击工具栏上的"试算"按钮进行科目余额的试算平衡，以保证初始数据的正确性。期初余额试算不平衡，可以填制凭证，但不能记账。已经记过账，则不能再输入、修改期初余额，也不能选择"结转上年余额"功能。

3.3 总账日常业务处理

在总账系统中，当初始设置完成后，就可以开始进行日常业务处理了。日常业务处理主要包括填制凭证、审核凭证、记账，查询和打印输出各种凭证、日记账、明细账、总账和各种辅助账。

3.3.1 凭证管理

凭证管理是总账日常业务处理的起点，是保证会计信息系统数据正确的关键环节。"填制凭证→审核凭证→记账"是凭证处理的关键步骤。如果在总账选项中选择了"出纳凭证必须经由出纳签字"，则"出纳签字"也成为流程中必需的一项内容，其位置介于填制凭证和记账之间。

1. 填制凭证

在实际工作中,可以根据经济业务发生时取得的原始凭证直接在计算机上填制记账凭证。填制凭证的功能包括增加凭证、修改凭证、删除凭证、冲销凭证等。

(1) 增加凭证

记账凭证的内容一般包括三部分:凭证头部分;凭证正文部分;凭证尾部分。

凭证头包括的内容如下。

① 凭证类别:可以输入凭证类别字,也可以参照输入。

② 凭证编号:一般情况下,由系统按凭证类别按月自动编制,即每类凭证每月都从 0001 号开始。系统同时也自动管理凭证页号,系统规定每页凭证有 5 条记录,当某张凭证不止一页时,系统自动将在凭证号后标上分单号,如收 0001 号 0002/0003 表示为收款凭证第 0001 号凭证共有三张分单,当前光标所在分录在第二张分单上。如果在启用账套时设置凭证编号方式为"手工编号",则用户可在此处手工录入凭证编号。

③ 制单日期:即填制凭证的日期。系统自动取进入账务系统前输入的业务日期为记账凭证日期,如果日期不对,可进行修改或参照输入。

提示:

- 日期只能随凭证号递增而增加,即不能逆序。
- 凭证日期应大于等于系统启用日期,小于系统日期。

④ 附单据数:输入当前凭证所附原始单据张数。

⑤ 凭证自定义项:凭证自定义项是由用户自定义的凭证补充信息。用户根据需要自行定义和输入,系统对这些信息不进行校验,只进行保存。

凭证正文内容如下。

① 摘要:输入本笔分录的业务说明,要求简洁明了,不能为空。凭证中的每个分录行都必须有摘要,各行摘要可以不同。可以利用系统提供的"常用摘要"功能预先设置常用摘要,以规范业务,加快凭证录入速度。

② 科目:输入或参照输入末级科目编码,系统自动将其转换为中文名称。也可以直接输入中文科目名称、英文科目名称或助记码。

③ 辅助信息:对于设置了辅助核算的科目,系统提示输入相应的辅助核算信息。

对于设置了数量辅助核算的科目,系统要求输入数量及单价,自动计算金额。

对于设置了外币辅助核算的科目,系统要求输入外币金额和记账汇率,自动计算本位币金额。如果采用固定汇率核算方式,系统自动带出月初设置的记账汇率。

对于设置了银行账辅助核算的科目,系统要求输入票据日期、结算方式和结算号,以方便日后对账。

对于设置了部门辅助核算的科目,系统要求输入部门信息。

对于设置了个人往来辅助核算的科目,系统要求输入个人信息。

对于设置了客户往来辅助核算的科目,系统要求输入客户信息。

对于设置了供应商往来辅助核算的科目，系统要求输入供应商信息。

对于设置了项目辅助核算的科目，系统要求输入相关项目信息。

④ 金额：即该笔分录的借方或贷方本币发生额，金额不能为零，但可以是红字，红字金额以负数形式输入。凭证上的借方金额合计应该与贷方金额合计相等，否则不能保存。

凭证尾部分主要标识该凭证的制单人、审核人、记账人信息，由系统根据登录操作员自动记录其姓名。

提示：
在本月未结账的情况下，可以输入下一个月的凭证。

(2) 修改凭证

虽然在凭证录入环节中系统提供了多种确保凭证输入正确的控制措施，但仍然避免不了发生错误。为此，系统提供了凭证修改功能，但仅限于对已输入但未审核状态的凭证。

修改凭证时需要在填制凭证状态下找到需要修改的凭证，直接修改即可。可修改的内容包括摘要、科目、辅助项、金额及方向、增删分录等，凭证类别不能修改。

注意：
- 外部系统传过来的凭证不能在总账系统中进行修改，只能在生成该凭证的系统中进行修改。
- 修改辅助核算信息时，需要将光标定位在凭证中带辅助核算信息的科目上，移动鼠标指针到凭证上的辅助核算区，待鼠标指针变形为笔形时双击，出现辅助核算对话框，按要求修改。

(3) 作废、恢复及整理凭证

如果出现凭证重复录入或凭证上出现不便修改的错误时，可以利用系统提供的"作废/恢复"功能将错误凭证作废。作废凭证仍保留原有凭证内容及凭证号，作废凭证不能修改、不能审核，但要参加记账，否则月末无法结账。

若当前凭证已作废，可以选择"制单"|"作废/恢复"命令，取消作废标志，将当前凭证恢复为有效凭证。

如果无须保留作废凭证，可通过系统提供的"整理"功能将标注有"作废"字样的凭证彻底删除，并对未记账凭证进行重新编号，以保证凭证编号的连续性。

(4) 冲销凭证

对于已记账的凭证，发现有错误，可以制作一张红字冲销凭证。选择"制单"|"冲销凭证"命令即可制作红字冲销凭证。通过红字冲销法增加的凭证，应视同正常凭证进行保存管理。

2. 出纳签字

为加强企业现金收入和支出的管理，出纳人员可通过出纳管理功能对制单人填制的带有现金和银行存款科目的凭证进行检查核对，主要核对收付款凭证上填制的金额是否正确。只有出纳确认无误后,才能进行记账处理。

注意:
出纳签字与审核凭证无先后顺序。

3. 审核凭证

审核是指由具有审核权限的操作员按照会计制度规定,对制单人填制的凭证进行合法合规性检查。审核无误的凭证可以进入下一处理过程——记账;审核中如果发现错误,可以利用系统提供的"标错"功能为凭证标注有错标记,便于制单人快速查询和更正,待修正后再重新审核。根据会计制度规定,审核与制单不能为同一人。

系统提供了两种审核方式:单张审核和成批审核。

对审核后的凭证,系统提供取消审核的功能。

4. 查询凭证

总账系统的填制凭证功能不仅是各账簿数据的输入口,同时也提供了强大的信息查询功能。在凭证界面中有些信息是可直接看到的,如科目、摘要、金额等,有些信息是通过某些操作间接获得的,如各分录的辅助信息、当前分录行号、当前科目最新余额、外部系统制单信息等。

5. 科目汇总

科目汇总是按条件对记账凭证进行汇总并生成一张凭证汇总表。进行汇总的凭证可以是已记账凭证,也可以是未记账凭证,因此,财务人员可在凭证未全部记账前,随时查看企业目前的经营状况及其他财务信息。

6. 记账

在总账系统中,记账凭证经审核后就可以执行记账了。手工处理时,记账是人工将审核后的凭证平行登记到总账、明细账和日记账,重复转抄过程中难免失误,因此,设计了账账核对、账证核对等控制手段保证账簿记录的正确性。T3 管理系统中记账时按照预先设定的程序自动进行,记账向导引导记账过程。

(1) 选择本次记账范围

即确定本次需要记账的凭证范围,包括期间、类别、记账范围。确定记账范围时可以单击"全选"按钮选择所有未记账凭证;可以输入连续编号范围如"1—9"表示对该类别第 1—9 号凭证进行记账;也可以输入不连续的编号如"3,7"表示仅对第 3 张和第 7 张凭证记账。

(2) 记账报告

系统自动记账前,需要进行以下项目的检查。

① 如果是第一次记账,需要检查输入的期初余额是否平衡,期初余额不平,不允许记账。

② 上月未记账或结账，本月不能记账。
③ 未审核凭证不能记账。
④ 作废凭证不需要审核可直接记账。

检查完成后，系统显示记账报告，呈现检验的结果，如期初余额不平或哪些凭证未审核或出纳未签字。

(3) 记账

记账之前，系统将自动进行硬盘备份，保存记账前数据，一旦记账过程异常中断，可以利用这个备份将系统恢复到记账前状态。

记账过程由系统自动完成，无须人工干预。

7. 常用摘要和常用凭证

(1) 常用摘要

摘要是关于企业经济业务的简要说明，也是录入凭证时唯一需要输入汉字的项目，从某种程度上说，摘要的内容是制单规范性的重要内容之一，而凭证的输入速度很大程度上取决于摘要的录入速度。鉴于此，系统中提供了设置常用摘要的功能。用于将企业经常发生的业务摘要事先存储起来，制单时调用，加快录入速度，提高规范性。

设置常用摘要时，需要填写摘要编码、摘要内容及相关科目，如设置常用摘要"01 从工行人民币户提现金"。

(2) 常用凭证

对于经常发生的业务，也可以设置凭证模板，预先把凭证类别、摘要、科目等要素存储起来，称为常用凭证。待业务发生时，直接调用常用凭证，补充输入其他内容，如金额，可以提高业务处理的规范性和业务处理效率。

3.3.2 账簿管理

企业发生的经济业务，经过制单、审核、记账等程序后，就形成了正式的会计账簿。账簿管理包括账簿的查询和打印。在 T3 管理系统中，账簿分为基本会计核算账簿和辅助核算账簿。

1. 基本会计核算账簿

基本会计核算账簿包括总账、余额表、明细账、序时账、多栏账、日记账等。

(1) 总账

总账查询不但可以查询各总账科目的年初余额、各月发生额合计和月末余额，而且还可查询所有二至六级明细科目的年初余额、各月发生额合计和月末余额。

(2) 余额表

传统的总账是按照总账科目分页设账，如果查询一定范围或全部科目的发生额及余额就略显不便。余额表用于查询、统计各级科目的本月发生额、累计发生额和余额等，可输出某月或某几个月的所有总账科目或明细科目的期初余额、本期发生额、累计发生额、期末余额。因此，在实行计算机记账后，建议采用"发生额及余额表"代替总账。

(3) 明细账

明细账查询用于平时查询各账户的明细发生情况，及按任意条件组合查询明细账。在查询过程中可以包含未记账凭证。明细账包括三种账簿查询类型：普通明细账、按科目排序明细账和月份综合明细账。

普通明细账是按科目查询、按发生日期排序的明细账。

按科目排序明细账是按非末级科目查询、按其有发生额的末级科目排序的明细账。

月份综合明细账是按非末级科目查询，包含非末级科目总账数据及末级科目明细数据的综合明细账。

(4) 序时账

序时账，实际就是以流水账的形式反映单位的经济业务，查询打印比较简单，此处不作详述。

(5) 多栏账

本功能用于查询多栏明细账。在查询多栏账之前，必须先定义查询格式。进行多栏账栏目定义有两种定义方式：自动编制栏目、手动编制栏目。一般先进行自动编制再进行手动调整，可提高录入效率。

(6) 综合多栏账

综合多栏账是在原多栏账的基础上新增的一个账簿查询方式，它除了可以以科目为分析栏目查询明细账外，也可以以辅助项及自定义项为分析栏目查询明细账，并可完成多组借贷栏目在同一账表中的查询。其目的主要是完成商品销售、库存、成本明细账的横向联合查询，并提供简单的计算功能，以方便用户对商品进销存状况的及时了解。

(7) 日记账

本功能主要用于查询除现金日记账、银行日记账以外的其他日记账，现金日记账、银行日记账在现金管理中查询。

(8) 日报表

本功能用于查询输出某日所有科目的发生额及余额情况(不包括现金、银行存款科目)。此外，系统还提供与现金流量有关的报表查询。

2. 辅助核算账簿

辅助核算账簿包括个人往来辅助账和部门辅助账。

(1) 个人往来辅助账

个人往来辅助账提供个人往来余额表、个人往来明细账、个人往来清理、个人往来催款和个人往来账龄分析等主要账表。

(2) 部门辅助账

部门辅助账提供部门总账、部门明细账、部门收支分析等主要账表。

3.3.3 现金管理

现金管理是总账系统为出纳人员提供的一套管理工具，主要包括现金日记账和银行存款日记账的管理、支票登记簿的管理以及银行对账功能，并可对银行长期未达账提供审计报告。

1. 日记账

现金管理提供对现金日记账、银行日记账和资金日报表的查询。资金日报表是反映现金、银行存款日发生额及余额情况的报表。手工方式下，资金日报表由出纳员逐日填写，反映当天营业终了时现金、银行存款的收支情况及余额。电算化方式下，资金日报表主要用于查询、输出或打印资金日报表，提供当日借方、贷方金额合计和余额，以及发生的业务量等信息。

2. 银行对账

银行对账是出纳管理的一项很重要的工作。此项工作通常是在期末进行。银行对账的业务流程如下。

(1) 输入银行对账期初数据

通常许多企业在使用总账系统时，先不使用银行对账模块，比如某企业 2015 年 1 月开始使用总账系统，而银行对账功能是在 5 月开始使用，那么银行对账则应该有一个启用日期(启用日期应为使用银行对账功能前最后一次手工对账的截止日期)，并在此录入最后一次对账企业方与银行方的调整前余额，以及启用日期之前的单位日记账和银行对账单的未达项。

(2) 输入银行对账单

要实现计算机自动对账，在每月月末对账前，需将银行开出的银行对账单输入计算机。

本功能用于平时录入银行对账单。在指定账户(银行科目)后，可录入本账户下的银行对账单，以便于与企业银行存款日记账进行对账。

(3) 银行对账

银行对账采用自动对账与手工对账相结合的方式。

自动对账即由计算机根据对账依据将银行日记账未达账项与银行对账单进行自动核对、勾销。对账依据通常是"结算方式+结算号+方向+金额"或"方向+金额"。对于已核对上的银行业务，系统将自动在银行存款日记账和银行对账单双方写上两清标志，并视为已达账项，否则，视其为未达账项。由于自动对账是以银行存款日记账和银行对账单双方对账依据完全相同为条件，所以为了保证自动对账的正确和彻底，必须保证对账数据的规范、合理。

手工对账是对自动对账的补充。采用自动对账后，可能还有一些特殊的已达账没有对出来，而被视为未达账项，为了保证对账更彻底、正确，可通过手工对账进行调整勾销。

下面四种情况中，只有第一种情况能自动核销已对账的记录，后三种情况均需通过手工对账来强制核销。

① 对账单文件中一条记录和银行日记账未达账项文件中一条记录完全相同。
② 对账单文件中一条记录和银行日记账未达账项文件中多条记录完全相同。
③ 对账单文件中多条记录和银行日记账未达账项文件中一条记录完全相同。
④ 对账单文件中多条记录和银行日记账未达账项文件中多条记录完全相同。

(4) 余额调节表的查询输出

在对银行账进行两清勾对后，计算机自动整理汇总未达账和已达账，生成"银行存款余额调节表"，以检查对账是否正确。该余额调节表为截止到对账截止日期的余额调节表，若无对账截止日期，则为最新余额调节表。如果余额调节表显示账面余额不平，应查"银行期初录入"中的相关项目是否平衡，"银行对账单"录入是否正确，"银行对账"中勾对是否正确、对账是否平衡，如不正确进行调整。

(5) 对账结果查询

对账结果查询，主要用于查询单位日记账和银行对账单的对账结果。它是对余额调节表的补充，可进一步了解对账后，对账单上勾对的明细情况(包括已达账项和未达账项)，从而进一步查询对账结果。检查无误后，可通过核销银行账来核销已达账。

银行对账不平时，不能使用核销功能，核销不影响银行日记账的查询和打印。核销错误可以进行反核销。

(6) 核销银行账

核销银行账用于将核对正确并确认无误的已达账删除，对于一般用户来说，在银行对账正确后，如果想将已达账删除并只保留未达账时，可使用本功能。

注意：
● 如果银行对账不平衡时，请不要使用本功能，否则将造成以后对账错误。
● 本功能不影响银行日记账的查询和打印。
● 按 Alt+U 快捷键可以进行反核销。

(7) 长期未达账审计

本功能用于查询至截止日期为止未达时间超过一定天数的银行未达账项，以便企业分析长期未达原因，避免资金损失。

3. 支票登记簿

在手工记账时，企业通常设有支票领用登记簿，它用来登记支票领用情况。T3 管理系统中也提供了"支票登记簿"功能，供详细登记支票领用人、领用日期、支票用途、是否报销等情况。

使用支票登记簿要注意以下情况。

(1) 只有在会计科目中设置了银行账辅助核算的科目才能使用支票登记簿。

(2) 只有在结算方式设置中选择票据控制，才能选择登记银行科目。

(3) 领用支票时，银行出纳员需进入"支票登记"功能据实登记领用日期、领用部门、领用人、支票号、备注等。

(4) 支票支出后，经办人持原始单据(发票)报销，会计人员据此填制记账凭证，在录入该凭证时，系统要求录入该支票的结算方式和支票号，填制完成该凭证后，系统自动在支票登记簿中将支票写上报销日期，该号支票即为已报销。对报销的支票，系统用不同的颜色区分。

(5) 支票登记簿中的"报销日期"栏，一般是由系统自动填写的，但对于有些已报销而由于人为原因造成系统未能自动填写报销日期的支票，可进行手工填写。

(6) 已报销的支票不能进行修改。可以取消报销标志，再行修改。

在实际应用中，如果要求领用人亲笔签字等，最好不使用支票登记簿，这会增加输入的工作量。

3.3.4 往来管理

往来账款主要发生在企业的购销业务中，包括赊销引起的客户应收往来和赊购引起的供应商应付往来。往来管理主要包括设置往来账的管理模式、往来账记录与核销、往来账查询等内容。

1. 往来账管理方式

如果企业客户不多，可以在应收科目下为每个客户设置一个明细科目，用来核算企业与该客户的往来业务，在往来查询时直接查明细账，但对应收的核销、账龄等不能提供简洁明确的记录。因此，如果企业客户很多，赊销占企业收入的很大比重时，建议对往来科目设置辅助核算，往来辅助账中提供了往来对账及账龄分析等功能，加强了对往来业务的管理。

2. 往来记录与核销

采用往来辅助核算方式，当发生往来业务时，系统要求记录往来单位信息；待该笔赊销收回时可以按客户及时核销，以掌握最新的往来数据。

3. 往来账簿查询

往来账簿中提供与企业有往来关系的客户和供应商余额表、明细账、往来对账及账龄分析等。

(1) 往来余额管理

对客户/供应商的往来余额管理包括科目余额表、余额表、三栏余额表、部门余额表、项目余额表、业务员余额表、分类余额表、地区分类余额表的查询。

(2) 往来明细账管理

对客户/供应商的往来明细账管理包括科目明细账、明细账、三栏明细账、部门明细账、项目明细账、业务员明细账、分类明细账、地区分类明细账、多栏明细账的查询。

(3) 往来管理

往来管理包括往来两清、往来催款单(对账单)、往来账龄分析等功能。

3.3.5 项目管理

项目管理提供了按项目查询总账、明细账和进行项目统计的功能。

3.4 总账期末处理

期末处理主要包括自动转账、对账、月末处理及年末处理。与日常业务相比，数量不多，但业务种类繁杂且时间紧迫。在计算机环境下，由于各会计期间的许多期末业务具有较强的规律性，且方法很少改变，如费用计提、分摊的方法等，由计算机来处理这些有规律的业务，不但可以节省会计人员的工作量，还可以加强财务核算的规范性。

3.4.1 自动转账

转账分为外部转账和内部转账。外部转账是指将其他专项核算子系统生成的凭证转入总账系统中，外部转账一般由系统自动完成；内部转账是指在总账系统内部把某个或某几个会计科目的余额或本期发生额结转到一个或多个会计科目中。

自动转账包括转账定义和转账生成两部分。

1. 转账定义

转账定义是把凭证的摘要、会计科目、借贷方向以及金额的计算公式预先设置成凭证模板，也称为自动转账分录，待需要转账时调用相应的自动转账分录生成凭证即可。

自动转账分录可以分为独立自动转账分录和相关自动转账分录。独立自动转账分录要转账的业务数据与本月其他经济业务无关；而相关自动转账分录要转账的业务数据与本月其他经济业务相关，如结转生产成本前应完成制造费用的结转。

系统提供五种类型的转账定义：自定义转账、对应结转、销售成本结转、汇兑损益结转、期间损益结转。

(1) 自定义转账

自定义转账是适用范围最大的一种转账方式，可以完成的转账业务主要有以下几种。

- "费用分配"的结转，如工资分配等。
- "费用分摊"的结转，如制造费用等。

- "税金计算"的结转，如增值税等。
- "提取各项费用"的结转，如提取福利费等。
- 各项辅助核算的结转。

如果使用应收系统、应付系统，则在总账系统中，不能按客户、供应商辅助项进行结转，只能按科目总数进行结转。

(2) 对应结转设置

对应结转不仅可进行两个科目一对一的结转，还提供科目的一对多结转功能。对应结转的科目可为上级科目，但其下级科目的科目结构必须一致，即具有相同的明细科目；如涉及辅助核算，则对应结转的两个科目的辅助账类也必须一一对应。

本功能只结转期末余额，若结转发生额，需在自定义结转中设置。

(3) 销售成本结转设置

销售成本结转设置主要用来辅助没有启用进销存管理的企业完成销售成本的计算和结转。其原理是将月末商品销售数量(根据主营业务收入数量确定)乘以库存商品的平均单价，计算各种产品的销售成本，然后从库存商品的贷方转入主营业务成本的借方。在进行销售成本结转时，库存商品、主营业务收入和主营业务成本三个科目必须设有数量辅助核算，且这三个科目的下级科目必须一一对应。

(4) 汇兑损益结转设置

汇兑损益结转用于期末自动计算外币账户的汇兑损益，并在转账生成中自动生成汇兑损益转账凭证，汇兑损益只处理以下外币账户：外汇存款户、外币现金、外币结算的各项债权和债务，不包括所有者权益类账户、成本类账户和损益类账户。

为了保证汇兑损益计算正确，填制某月的汇兑损益凭证时必须先将本月的所有未记账凭证先记账。

汇兑损益入账科目不能是辅助账科目或有数量外币核算的科目。

若启用了应收系统、应付系统，则计算汇兑损益的外币科目不能是带客户或供应商往来核算的科目。

(5) 期间损益结转设置

期间损益结转设置用于在一个会计期间终了时将损益类科目的余额结转到本年利润科目中，从而及时反映企业利润的盈亏情况。期间损益结转主要是损益类科目的结转。

损益科目结转中将列出所有的损益科目。如果希望某损益科目参与期间损益的结转，则应在该科目所在行的"本年利润"科目栏填写本年利润科目代码，若为空，则将不结转此损益科目的余额。

损益科目的期末余额将转到同一行的本年利润科目中去。

若损益科目与本年利润科目都有辅助核算，则辅助账类必须相同。

损益科目结转表中的本年利润科目必须为末级科目，且为本年利润入账科目的下级科目。

2. 生成转账凭证

定义完转账凭证后，每月月末只需选择"转账生成"功能即可由计算机快速生成转账凭证，在此生成的转账凭证将自动追加到未记账凭证中去，通过审核、记账后才能真正完成结转工作。

由于转账凭证中定义的公式基本上取自账簿，因此，在进行月末转账之前，必须将所有未记账凭证全部记账，否则，生成的转账凭证中的数据可能不准确。特别是对于一组相关转账分录，必须按顺序依次进行转账生成、审核、记账。

根据需要，选择生成结转方式、结转月份及需要结转的转账凭证，系统在进行结转计算后显示将要生成的凭证，确认无误后，将生成的凭证追加到未记账凭证中。

结转月份为当前会计月，且每月只结转一次。在生成结转凭证时，要注意操作日期，一般在月末进行。

若转账科目有辅助核算，但未定义具体的转账辅助项，则可以选择"按所有辅助项结转"或"按有发生的辅助项结转"。

- 按所有辅助项结转：转账科目的每一个辅助项生成一笔分录。
- 按有发生的辅助项结转：按转账科目下每一个有发生的辅助项生成一笔分录。

3.4.2　对账

对账是对账簿数据进行核对，以检查记账是否正确，以及账簿是否平衡。它主要是通过核对总账与明细账、总账与辅助账数据来完成账账核对。

试算平衡就是将系统中设置的所有科目的期末余额按会计平衡公式"借方余额=贷方余额"进行平衡检验，并输出科目余额表及是否平衡的相关信息。

一般来说，实行计算机记账后，只要记账凭证录入正确，计算机自动记账后各种账簿都应是正确、平衡的，但由于非法操作或计算机病毒或其他原因，有时可能会造成某些数据被破坏，因而引起账账不符。为了保证账证相符、账账相符，应经常使用本功能进行对账，至少一个月一次，一般可在月末结账前进行。

如果使用了应收、应付系统，则在总账系统中不能对往来客户账、供应商往来账进行对账。

当对账出现错误或记账有误时，系统允许"恢复记账前状态"，进行检查、修改，直到对账正确。

3.4.3　结账

每月月底都要进行结账处理，结账实际上就是计算和结转各账簿的本期发生额和期末余额，并终止本期的账务处理工作。

在电算化方式下，结账工作与手工相比简单多了，结账是一种成批数据处理，每月只结账一次，主要是对当月日常处理限制和对下月账簿的初始化，由计算机自动完成。

1. 结账前检查工作

在结账之前要进行下列检查:

(1) 检查本月业务是否全部记账,有未记账凭证不能结账。

(2) 月末结转必须全部完成并记账,否则本月不能结账。

(3) 检查上月是否已结账,上月未结账,则本月不能记账。

(4) 核对总账与明细账、主体账与辅助账、总账系统与其他子系统数据是否已一致,不一致不能结账。

(5) 损益类账户是否全部结转完毕,否则本月不能结账。

(6) 若与其他子系统联合使用,其他子系统是否已结账,若没有,则本月不能结账。

2. 结账与反结账

结账前系统自动进行数据备份,结账处理就是计算本月各账户发生额合计和本月账户期末余额并将余额结转到下月作为下月月初余额。结账完成后不得再录入本月凭证。

如果结账以后发现本月还有未处理的业务或其他情况,可以进行"反结账",取消本月结账标记,然后进行修正,再进行结账工作。

实验三　总账系统初始设置

【实验目的】

掌握 T3 中总账管理系统初始设置的相关内容,理解总账管理系统初始设置的意义,掌握总账管理系统初始设置的具体内容和操作方法。

【实验内容】

1. 总账系统选项设置。
2. 明细账权限设置。
3. 期初余额录入。

【实验准备】

引入"实验二"账套数据。

【实验要求】

以"101 丁力"的身份进行初始设置。

【实验资料】

1. 总账控制参数

总账控制参数(见表 3-1)。

表 3-1 总账控制参数

选项卡	控制对象	参数设置
凭证	制单控制	制单序时控制
		支票控制
		资金及往来赤字控制
		允许修改、作废他人填制的凭证
		可以使用其他系统受控科目
	凭证控制	打印凭证页脚姓名
		出纳凭证必须经由出纳签字
	凭证编号方式	凭证编号方式采用系统编号
	外币核算	外币核算采用固定汇率
	预算控制	进行预算控制
账簿	打印位数宽度	账簿打印位数每页打印行数按软件的标准设定
	明细账打印方式	明细账打印按年排页
会计日历		会计日历为1月1日—12月31日
其他	排序方式	部门、个人、项目按编码方式排序

2. 期初余额

(1) 总账期初明细(见表 3-2)

表 3-2 总账期初明细

科目编号及名称	辅助核算	方向	币别/计量	期初余额
库存现金(1001)	日记账	借		6 487.70
银行存款(1002)	银行账、日记账	借		211 057.16
人民币户(100201)	银行账、日记账	借		211 057.16
应收账款(1122)	客户往来	借		157 600
其他应收款(1221)		借		3 800
应收个人款(122102)	个人往来	借		3 800
坏账准备(1231)		贷		10 000
材料采购(1401)		借		-80 000
原材料(1403)		借		11 300
光盘(140301)	数量核算	借		4 400
			张	2 200
复印纸(140302)	数量核算	借		6 900
			包	460

(续表)

科目编号及名称	辅助核算	方向	币别/计量	期初余额
库存商品(1405)		借		27 078
固定资产(1601)		借		260 860
累计折旧(1602)		贷		47 120.91
短期借款(2001)		贷		100 000
应付账款(2202)	供应商往来	贷		276 850
应付职工薪酬(2211)		贷		8 200
应付福利费(221102)		贷		8 200
应交税费(2221)		贷		-16 800
应交增值税(222101)		贷		-16 800
进项税额(22210101)		贷		-33 800
销项税额(22210105)		贷		17 000
实收资本(4001)		贷		300 000
利润分配(4104)		贷		-110 022.31
未分配利润(410401)		贷		-110 022.31
生产成本(5001)	项目核算	借		17 165.74
材料费(500101)	项目核算	借		10 000
人工费(500102)	项目核算	借		4 000.74
制造费(500103)	项目核算	借		2 000
其他(500104)		借		1 165.00

(2) 辅助账期初明细(见表 3-3)

① 会计科目：1122　　应收账款　　　余额：借 157 600 元

表 3-3(a)　辅助账期初明细 1

日期	凭证号	客户	摘要	方向	金额	业务员	票号	票据日期
2014-10-25	转-118	北华管理软件学院	期初	借	99 600	张茜	P111	2014-10-25
2014-11-10	转-25	北京图书大厦	期初	借	58 000	侯勇	Z111	2014-11-10

② 会计科目：122102　　其他应收款—应收个人款　　　余额：借 3 800 元

表 3-3(b) 辅助账期初明细 2

日期	凭证号	部门	个人	摘要	方向	期初余额
2014-12-26	付-118	企管办	楚雄	出差借款	借	2 000
2014-12-29	付-156	销售一部	侯勇	出差借款	借	1 800

③ 会计科目：1405　库存商品　余额 27 078 元

表 3-3(c) 辅助账期初明细 3

项目名称	
下厨房	7 840
养生智慧	8 588
电子教室	10 650
合计	27 078

④ 会计科目：2121　应付账款　余额：贷 276 850 元

表 3-3(d) 辅助账期初明细 4

日期	凭证号	供应商	摘要	方向	金额	业务员	票号	票据日期
2014-10-20	转-45	众诚	购买原材料	贷	276 850	曾楠	C001	2014-10-20

⑤ 会计科目：5001　生产成本　余额：借 17 165.74 元

表 3-3(e) 辅助账期初明细 5

科目名称	下厨房	养生智慧	合计
材料费(500101)	4 000	6 000	10 000
人工费(500102)	1 500	2 500.74	4 000.74
制造费(500103)	800	1 200	2 000
合计	6 800	10 365.74	17 165.74

【操作指导】

1. 设置总账选项

① 选择"总账"|"设置"|"选项"命令，打开"选项"对话框。

② 单击"凭证"选项卡，选中"支票控制"复选框，弹出系统提示信息，如图 3-3 所示。

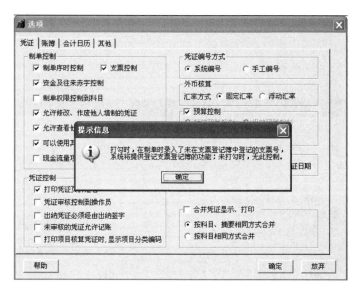

图 3-3 选项—支票控制

③ 单击"确定"按钮,按实验资料要求设置其他内容,设置完成后如图 3-4 所示。

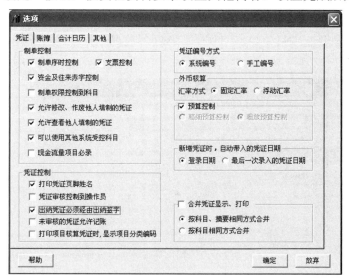

图 3-4 选项—凭证

④ 同理,分别打开"账簿"、"会计日历"、"其他"选项卡,按照实验资料的要求进行相应的设置。

⑤ 设置完成后,单击"确定"按钮返回。

2. 输入期初余额

① 选择"总账"|"设置"|"期初余额"命令,进入"期初余额录入"窗口。

② 直接输入末级科目(底色为白色)期初余额,上级科目的余额自动汇总计算。

③ 设置了辅助核算的科目底色显示为蓝色，其累计发生额可直接输入，但期初余额的录入要到相应的辅助账中进行。方法如下：双击设置了辅助核算属性的科目的"期初余额"栏，进入相应的辅助账窗口，按明细输入每笔业务的金额，如图 3-5 所示，完成后单击"退出"按钮，辅助账余额自动带到总账。

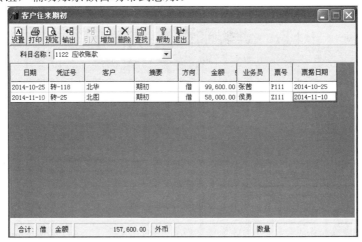

图 3-5　辅助核算科目期初余额的录入

④ 输完所有科目余额后，单击"试算"按钮，打开"期初试算平衡表"对话框，如图 3-6 所示。

图 3-6　期初试算平衡

⑤ 若期初余额不平衡，则修改期初余额；若期初余额试算平衡，单击"确认"按钮。

注意：
- 期初余额试算不平衡，将不能记账，但可以填制凭证。
- 已经记过账，则不能再输入、修改期初余额，也不能选择"结转上年余额"功能。

最后，备份实验三账套数据。

实验四 总账管理日常业务处理

【实验目的】

掌握 T3 中总账系统日常业务处理的相关内容，熟悉总账系统日常业务处理的各种操作，掌握凭证管理和账簿管理的具体内容和操作方法。

【实验内容】

1. 凭证管理：定义常用摘要、填制凭证、出纳签字、审核凭证、凭证记账的操作方法。
2. 账簿管理：总账、科目明细账、明细账、辅助账的查询方法。
3. 现金管理：现金、银行存款日记账和资金日报表的查询。
4. 往来管理：往来账查询。
5. 项目管理：项目账查询。

【实验准备】

引入"实验三"账套数据。

【实验要求】

1. 以"103 秦艳"的身份进行填制凭证、凭证查询操作。
2. 以"102 王蒙蒙"的身份进行出纳签字，现金、银行存款日记账和资金日报表的查询，支票登记。
3. 以"101 丁力"的身份进行审核、记账、账簿查询操作。

【实验资料】

1. 定义常用摘要"从工行提现金"

操作步骤略。

2. 凭证管理

(1) 填制凭证

1 月经济业务如下。

① 2 日，销售一部侯勇报销业务招待费 1 200 元，以现金支付。(附单据一张)

  借：销售费用/招待费(660104)   1 200
    贷：库存现金(1001)   1 200

② 3 日，财务部王蒙蒙从工行提取现金 10 000 元，作为备用金。(现金支票号 XJ001)

  借：库存现金(1001)   10 000
    贷：银行存款/人民币户(100201) 10 000

③ 5日，收到科华集团投资资金10 000美元，汇率1:6.65。(转账支票号ZZW001)

  借：银行存款/美元户(100202)   66 500
    贷：实收资本(4001)   66 500

④ 8日，采购部曾楠采购复印纸200包，每包15元，材料直接入库，货款以银行存款支付。(转账支票号ZZR001)

  借：原材料/复印纸(140302)   3 000
    应交税费/应交增值税/进项税额 510
    贷：银行存款/人民币户(100201) 3 510

⑤ 12日，销售一部侯勇收到北华管理软件学院转来一张转账支票，金额99 600元，用以偿还前欠货款。(转账支票号ZZR002)

  借：银行存款/人民币户(100201) 99 600
    贷：应收账款(1122)   99 600

⑥ 14日，采购部曾楠从"众诚"购入杀毒软件100套，单价120元，货税款暂欠，已验收入库。(适用税率17%)

  借：库存商品/杀毒软件(140501) 12 000
    应交税费/应交增值税/进项税额(22210101) 2 040
    贷：应付账款(2202)   14 040

⑦ 16日，企管办购办公用品170元，付现金。

  借：管理费用/办公费(660202)   170
    贷：库存现金(1001)   170

⑧ 18日，企管办楚雄出差归来，报销差旅费2 000元，交回现金200元。

  借：管理费用/差旅费(660203)   1 800
    库存现金(1001)   200
    贷：其他应收款/应收个人款(122102) 2 000

⑨ 20日，生产部领用光盘500张，单价2元，用于生产UU移动课堂。

  借：生产成本/材料费(500101)   1 000
    贷：原材料/光盘(140301)   1 000

(2) 修改凭证

① 经查，16日企管办购办公用品190元，误录为170元。

② 经查，14日采购部系从供应商"百汇"购入杀毒软件100套。

(3) 删除凭证

经查，2日侯勇报销的业务招待费属个人消费行为，不允许报销，现金已追缴，业务上不再反映。

(4) 出纳签字

由出纳王蒙蒙对所有涉及现金和银行存款科目的凭证签字。

(5) 审核凭证

由账套主管丁力对凭证进行审核。

(6) 记账

由账套主管丁力对凭证进行记账。测试系统提供的"取消记账"功能，然后重新记账。

(7) 查询凭证

查询现金支出在100元以上的凭证。

3. 账簿查询

(1) 查询2015年1月余额表。

(2) 查询原材料—光盘数量金额明细账。

(3) 定义并查询管理费用多栏账。

(4) 查询2015年1月部门收支分析表。

(5) 查询企管办楚雄个人往来清理情况。

4. 现金管理

(1) 查询现金日记账。

(2) 查询资金日报。

(3) 支票登记簿

22日，采购部曾楠借转账支票一张采购光盘，票号155，预计金额5 000元，登记支票登记簿。

5. 往来账查询

(1) 查询供应商"百汇"明细账。

(2) 进行客户往来账龄分析。

6. 项目账查询

(1) 查询"电子教室"项目明细账。

(2) 进行项目统计分析。

【操作指导】

以"103 秦艳"的身份注册进入T3主界面。

1. 定义常用摘要

① 选择"总账"|"凭证"|"常用摘要"命令，进入"常用摘要"窗口。

② 单击"增加"按钮，输入摘要编码"01"，摘要名称"从工行提现金"。

③ 本行输入完成后，按"Enter"键保存。

2. 凭证管理

(1) 填制凭证

业务 1：无辅助核算的一般业务

① 选择"总账"|"凭证"|"填制凭证"命令，进入"填制凭证"窗口。

② 单击"增加"按钮，系统自动增加一张空白收款凭证。

③ 在凭证左上角单击参照按钮，选择凭证类型"付款凭证"；输入制单日期"2015.01.02"；输入附单据数"1"。

④ 输入摘要"报销招待费"，选择科目名称"660104"，借方金额"1 200"，按"Enter"键；摘要自动带到下一行，输入贷方科目"1001"，贷方金额"1 200"，如图3-7所示。

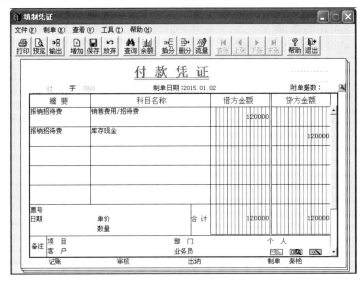

图 3-7　填制凭证

⑤ 单击"保存"按钮，系统弹出"现金流量表"对话框。单击"增加"按钮，选择项目"支付的与其他经营活动有关的现金"，单击"保存"按钮返回填制凭证界面。

⑥ 单击"保存"按钮，系统弹出"凭证已成功保存！"信息提示框，单击"确定"按钮。

注意：

- 制单日期不能滞后于系统日期。
- 采用序时控制时，凭证日期应大于或等于总账启用日期，不能超过业务日期。
- 凭证一旦保存，其凭证类别、凭证编号不能修改。
- 正文中不同行的摘要可以相同也可以不同，但不能为空。每行摘要将随相应的会计科目在明细账、日记账中出现。
- 科目编码必须是末级科目编码。
- 金额不能为"零"；红字以"-"号表示。

- 在英文输入模式下,可按"="键取当前凭证借贷方金额的差额到当前光标位置。
- 单击"增加"按钮在保存凭证的同时增加一张新凭证。

业务 2:辅助核算—银行科目

① 在总账填制凭证功能中,增加一张付款凭证,输入摘要时,单击参照按钮,选择预先设置的常用摘要"从工行提现金"。

② 输完银行科目"100201",弹出"辅助项"对话框。

③ 输入结算方式"201",票号"XJ001",发生日期"2015.01.03",如图 3-8 所示,单击"确认"按钮。

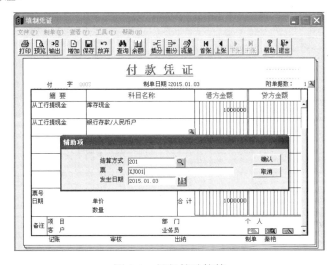

图 3-8　银行辅助核算

④ 凭证保存时,若此张支票未登记,则弹出"此支票尚未登记,是否登记?"对话框。

⑤ 单击"是"按钮,弹出"票号登记"对话框,输入领用日期"2015-01-03",领用部门"财务部",姓名"王蒙蒙",限额"10 000",用途"备用金",如图 3-9 所示。

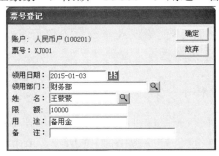

图 3-9　票号登记

⑥ 单击"确定"按钮,弹出信息提示框"凭证已成功保存!",单击"确定"按钮。

注意：
- 从银行提现不影响现金流，不需要输入现金流量项目。
- 选择"支票控制"，即该结算方式设为支票管理，银行账辅助信息不能为空，而且该方式的票号应在支票登记簿中有记录。

业务3：辅助核算—外币科目

① 在填制凭证过程中，输入完外币科目"100202"，提示结算方式；输入转账支票信息后，系统自动显示外币汇率"6.65"；输入外币金额"10 000"，系统自动算出并显示本币金额"66 500"，如图3-10所示。

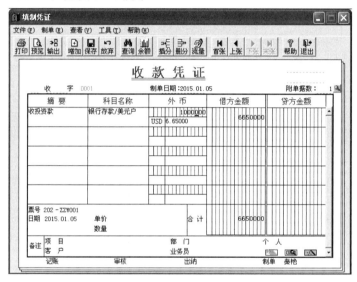

图3-10 外币核算业务

② 全部输入完后，单击"保存"按钮，保存凭证。

注意：
- 该笔业务现金流量项目为"吸收投资所收到的现金"。
- 汇率栏中内容是固定的，不能输入或修改。如使用浮动汇率，汇率栏中显示最近一次汇率，可以直接在汇率栏中修改。

业务4：辅助核算—数量科目

① 在填制凭证过程中，输入完数量科目"140302"，弹出"辅助项"对话框。
② 输入数量"200"，单价"15"，如图3-11所示，单击"确认"按钮。
③ 保存凭证时，登记支票登记簿。(该笔业务现金流量项目为"购买商品、接受劳务支付的现金")

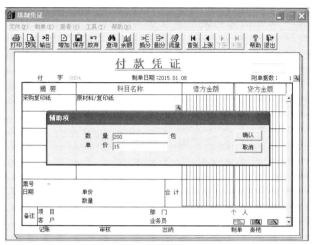

图 3-11　数量核算业务

业务 5：辅助核算—客户往来

① 在填制凭证过程中，输入完客户往来科目"1122"，弹出"辅助项"对话框。

② 选择输入客户"北华管理软件学院"，业务员"侯勇"，发生日期"2015.01.12"，如图 3-12 所示。

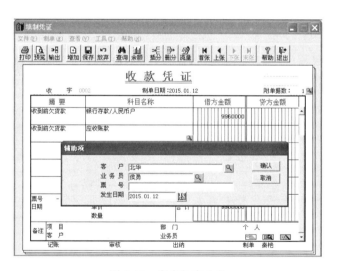

图 3-12　客户往来业务

③ 单击"确认"按钮。(该笔业务现金流量项目为"销售商品、提供劳务收到的现金")

注意：

如果往来单位不属于已定义的往来单位，则要单击往来单位参照按钮进入参照对话框，单击"编辑"按钮正确输入新往来单位的辅助信息，系统会自动追加到往来单位目录中。

业务 6：辅助核算—项目核算与供应商往来

① 在填制凭证过程中，输入完"1405 库存商品"，弹出"辅助项"对话框，选择项目"电子教室"，单击"确认"按钮返回。

② 输入完供应商往来科目"2202"，弹出"辅助项"对话框。选择输入供应商"众诚"，发生日期"2015.01.14"，如图 3-13 所示。

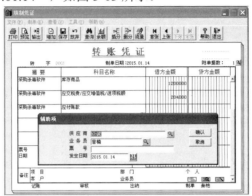

图 3-13 供应商往来业务

③ 单击"确认"按钮。

业务 7：辅助核算—部门核算

① 在填制凭证过程中，输入完部门核算科目"660202"，弹出"辅助项"对话框。

② 选择输入部门"企管办"，单击"确认"按钮，如图 3-14 所示。(该笔业务现金流量项目为"支付的与其他经营活动有关的现金")

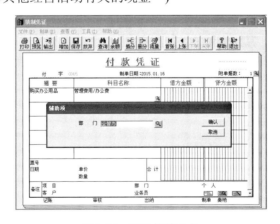

图 3-14 部门核算业务

业务 8：辅助核算科目—个人往来

① 在填制凭证过程中，输完个人往来科目"122102"，弹出"辅助项"对话框。

② 选择输入部门"企管办"，个人"楚雄"，发生日期"2015.01.18"，如图 3-15

所示。

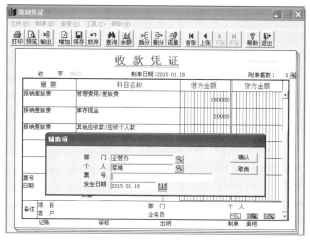

图 3-15 个人往来业务

③ 单击"确认"按钮。(该笔业务现金流量项目为"收到的与其他经营活动有关的现金")

业务 9：辅助核算科目—项目核算

① 在填制凭证过程中，输完项目核算科目"500101"，弹出"辅助项"对话框。

② 选择输入项目名称"下厨房"，单击"确认"按钮，如图 3-16 所示。

注意：

系统根据"数量×单价"自动计算出金额，并将金额先放在借方，如果方向不符，可将光标移动到贷方后，按空格键即可调整金额方向。

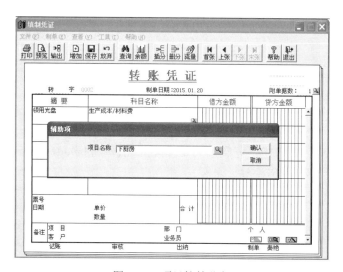

图 3-16 项目核算业务

(2) 修改凭证

① 选择"总账"|"凭证"|"填制凭证"命令，进入"填制凭证"窗口。

② 单击 [首张 上张 下张 末张] 按钮，找到要修改的凭证。

③ 找到"付-0005"凭证，直接修改金额为"190"。将光标定位在"库存现金"一行，单击"流量"按钮打开"现金流量表"窗口更正相应的现金流量项目金额。

④ 找到"转-0001"凭证，将光标置于备注栏辅助项，待鼠标指针变形为"✐"时双击，弹出"辅助项"对话框，删除供应商"众诚"重新选择"百汇"，确认并保存。

注意：

- 未经审核的错误凭证可通过"填制凭证"功能直接修改；已审核的凭证应先取消审核后，再进行修改。
- 若已采用制单序时控制，则在修改制单日期时，不能在上一张凭证的制单日期之前。
- 若选择"不允许修改或作废他人填制的凭证"权限控制，则不能修改或作废他人填制的凭证。
- 如果涉及银行科目的分录已录入支票信息，并对该支票做过报销处理，修改操作将不影响"支票登记簿"中的内容。
- 外部系统传过来的凭证不能在总账系统中进行修改，只能在生成该凭证的系统中进行修改。

(3) 冲销凭证(可选做)

① 在"填制凭证"窗口中，选择"制单"|"冲销凭证"命令，打开"冲销凭证"对话框。

② 输入条件：选择"月份"、"凭证类别"；输入"凭证号"等信息。

③ 单击"确定"按钮，系统自动生成一张红字冲销凭证。

注意：

- 通过红字冲销法增加的凭证，应视同正常凭证进行保存和管理。
- 红字冲销只能针对已记账凭证使用。

(4) 删除凭证/作废凭证

① 在"填制凭证"窗口中，先查询到要作废的凭证"付-0001"。

② 选择"制单"|"作废/恢复"命令。

③ 凭证的左上角显示"作废"，表示该凭证已作废，如图3-17所示。

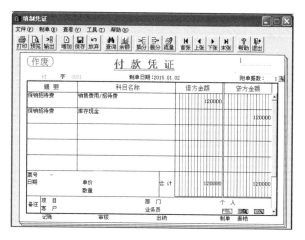

图 3-17　作废凭证

注意：

- 作废凭证仍保留凭证内容及编号，只显示"作废"字样。
- 作废凭证不能修改，不能审核。
- 在记账时，已作废的凭证应参与记账，否则月末无法结账，但不对作废凭证作数据处理，相当于一张空凭证。
- 账簿查询时，查不到作废凭证的数据。
- 若当前凭证已作废，可选择"编辑"｜"作废/恢复"命令，取消作废标志，并将当前凭证恢复为有效凭证。

(5) 整理凭证

① 在"填制凭证"窗口中，选择"制单"｜"整理凭证"命令，打开"选择凭证期间"对话框。

② 选择要整理的月份。

③ 单击"确定"按钮，打开"作废凭证表"对话框。

④ 选择真正要删除的作废凭证，双击"删除？"，系统显示为"Y"，如图 3-18 所示。

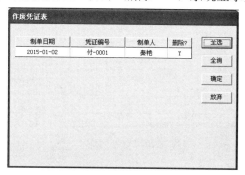

图 3-18　删除凭证

⑤ 单击"确定"按钮，系统将弹出"是否还需整理凭证断号"信息提示框，单击"是"按钮，系统将这些凭证从数据库中删除并对剩下凭证重新排号。

注意：
- 如果作废凭证不想保留，则可以通过"整理凭证"功能，将其彻底删除，并对未记账凭证重新编号。
- 只能对未记账凭证作凭证整理。
- 对已记账凭证作凭证整理，应先恢复本月月初的记账前状态，再作凭证整理。

(6) 出纳签字

更换操作员

① 在 T3 主界面，选择"文件"|"重新注册"命令，打开"注册〖控制台〗"对话框。
② 以"102 王蒙蒙"的身份注册，再进入总账系统。

注意：
- 凭证填制人和出纳签字人可以为不同的人，也可以为同一个人。
- 按照会计制度规定，凭证的填制与审核不能是同一个人。
- 在进行出纳签字和审核之前，通常需先更换操作员。

出纳签字

① 选择"总账"|"凭证"|"出纳签字"命令，打开"出纳签字"查询条件对话框。
② 输入查询条件：选择"全部"单选按钮，输入月份"2015.01"。
③ 单击"确认"按钮，进入"出纳签字"的凭证列表窗口。
④ 双击某一要签字的凭证或者单击"确定"按钮，进入"出纳签字"的签字窗口。
⑤ 单击"签字"按钮，凭证底部的"出纳"处自动签上出纳人姓名，如图 3-19 所示。

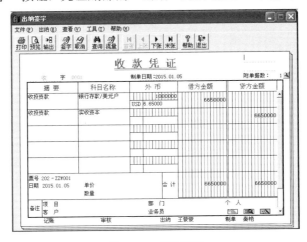

图 3-19 出纳签字

⑥ 单击"下张"按钮，对其他凭证签字，最后单击"退出"按钮。

注意：
- 涉及现金科目和银行存款科目的凭证才需出纳签字。
- 凭证一经签字，就不能被修改、删除，只有取消签字后才可以修改或删除，取消签字只能由出纳自己进行。
- 凭证签字并非审核凭证的必要步骤。若在设置总账参数时，不选择"出纳凭证必须经由出纳签字"，则可以不选择"出纳签字"功能。
- 可以选择"签字"|"成批出纳签字"命令对所有凭证进行出纳签字。

(7) 审核凭证

① 以"101 丁力"的身份重新注册。
② 选择"总账"|"凭证"|"审核凭证"命令，打开"凭证审核"查询条件对话框。
③ 输入查询条件，单击"确认"按钮，进入"凭证审核"的凭证列表窗口。
④ 双击要审核的凭证或单击"确定"按钮，进入"凭证审核"的审核凭证窗口。
⑤ 检查要审核的凭证，无误后，单击"审核"按钮，凭证底部的"审核"处自动签上审核人姓名，且自动翻到下一张凭证。
⑥ 对其他凭证审核签字，最后单击"退出"按钮。

注意：
- 审核人必须具有审核权。当通过"凭证审核权限"设置了明细审核权限时，还需要有对制单人所制凭证的审核权。
- 作废凭证不能被审核，也不能被标错。
- 审核人和制单人不能是同一个人，凭证一经审核，不能被修改、删除，只有取消审核签字后才可修改或删除；已标记作废的凭证不能被审核，需先取消作废标记后才能审核。
- 可以选择"审核"|"成批审核凭证"命令对所有凭证进行审核签字。

(8) 记账

① 选择"总账"|"凭证"|"记账"命令，进入"记账"窗口。
② 第一步选择要进行记账的凭证范围，例如，在付款凭证的"记账范围"栏中输入"1-3"。本例单击"全选"按钮，选择所有凭证，如图3-20所示，单击"下一步"按钮。
③ 第二步显示记账报告，如果需要打印记账报告，可单击"打印"按钮。如果不打印记账报告，单击"下一步"按钮。

图 3-20 记账—选择本次记账范围

④ 第三步记账,单击"记账"按钮,打开"期初试算平衡表"对话框,单击"确认"按钮,系统开始登录有关的总账和明细账、辅助账。登记完后,弹出"记账完毕"信息提示对话框。

⑤ 单击"确定"按钮,记账完毕。

注意:
- 第一次记账时,若期初余额试算不平衡,不能记账。
- 上月未记账,本月不能记账。
- 未审核凭证不能记账,记账范围应小于等于已审核范围。
- 作废凭证不需审核可直接记账。
- 记账过程一旦断电或其他原因造成中断后,系统将自动调用"恢复记账前状态"功能恢复数据,然后再重新记账。

(9) 取消记账

① 选择"总账"|"凭证"|"恢复记账前状态"命令,打开"恢复记账前状态"对话框。

② 单击选中"最近一次记账前状态"单选按钮,如图 3-21 所示。

图 3-21 恢复记账前状态

③ 单击"确定"按钮,弹出"请输入主管口令"信息提示框。

④ 输入主管口令,单击"确认"按钮,稍候系统弹出"恢复记账完毕!"信息提示对话框,单击"确定"按钮。

注意:
- 已结账月份的数据不能取消记账。
- 取消记账后,一定要重新记账。

(10) 查询凭证

① 选择"总账"|"凭证"|"查询凭证"命令,打开"凭证查询"对话框。
② 单击"辅助条件"按钮,设置科目为"1001"、方向为"贷"、金额为"100"。
③ 单击"确认"按钮,进入"查询凭证"窗口。
④ 双击某一凭证行,则屏幕可显示出此张凭证。

3. 账簿查询

(1) 查询余额表

① 选择"总账"|"账簿查询"|"余额表"命令,打开"发生额及余额表查询条件"对话框。
② 选择查询条件,单击"确认"按钮,进入"发生额及余额表"窗口,如图3-22所示。

图3-22 发生额及余额表

③ 单击"累计"按钮,系统自动增加借贷方累计发生额两个栏目。

(2) 查询明细账

① 选择"总账"|"账簿查询"|"明细账"命令，打开"明细账查询条件"对话框。
② 选择查询科目"140301 光盘"，单击"确认"按钮，进入"明细账"窗口。
③ 选择"数量金额式"账页形式，显示如图 3-23 所示。

图 3-23　数量金额明细账

(3) 定义并查询管理费用多栏账

① 选择"总账"|"账簿查询"|"多栏账"命令，打开"多栏账"对话框。
② 单击"增加"按钮，打开"多栏账定义"对话框。选择核算科目"6602 管理费用"，单击"自动编制"按钮，系统自动将管理费用下的明细科目作为多栏账的栏目，如图 3-24 所示。

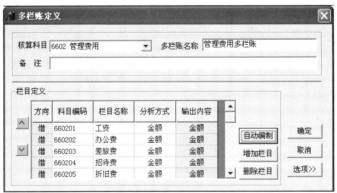

图 3-24　定义多栏账

③ 单击"确定"按钮，完成管理费用多栏账的定义。
④ 单击"查询"按钮，打开"多栏账查询"对话框，单击"确认"按钮，显示管理费用多栏账。

(4) **查询部门收支分析表**

① 选择"辅助查询"|"部门收支分析"命令，打开"部门收支分析条件"对话框。
② 选择管理费用下的明细科目作为分析科目，单击"下一步"按钮。
③ 选择所有部门作为分析部门，单击"下一步"按钮。
④ 选择"2015.01"作为分析月份，单击"完成"按钮，系统显示部门收支分析表。

(5) **查询企管办楚雄个人往来清理情况**

① 选择"总账"|"辅助查询"|"个人往来清理"命令，打开"个人往来两清条件"对话框。
② 选择部门"企管办"，个人"楚雄"，选中"显示已两清"复选框，单击"确认"按钮，进入"个人往来两清"窗口。
③ 单击"勾对"按钮，系统自动将已达账项打上已结清的标志。

4．**现金管理**

(1) **现金日记账**

① 选择"现金"|"现金管理"|"日记账"|"现金日记账"命令，打开"现金日记账查询条件"对话框。
② 选择科目"1001 库存现金"，默认月份"2015.01"，单击"确认"按钮，进入"现金日记账"窗口，如图 3-25 所示。

图 3-25　现金日记账

③ 双击某行或将光标定在某行再单击"凭证"按钮，可查看相应的凭证。
④ 单击"总账"按钮，可查看此科目的三栏式总账，然后单击"退出"按钮。

(2) 资金日报表

① 选择"现金"|"现金管理"|"日记账"|"资金日报"命令,打开"资金日报表查询条件"对话框。

② 输入日期"2015.01.20",选择"有余额无发生也显示"复选框。

③ 单击"确认"按钮,进入"资金日报表"窗口,单击"退出"按钮。

(3) 支票登记簿

① 选择"现金"|"票据管理"|"支票登记簿"命令,打开"银行科目选择"对话框。

② 选择科目"人民币户100201",单击"确定"按钮,进入"支票登记"窗口。

③ 单击"增加"按钮。

④ 输入领用日期"2015.01.22",领用部门"采购部",领用人"曾楠",支票号"155",预计金额"5 000",用途"采购光盘",单击"保存"按钮,如图3-26所示,单击"退出"按钮。

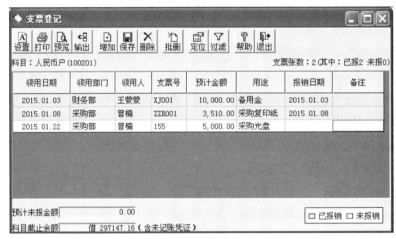

图3-26 支票登记

注意:
- 只有在结算方式设置中选择"票据管理标志"功能才能在此选择登记。
- 领用日期和支票号必须输入,其他内容可输可不输。
- 报销日期不能在领用日期之前。
- 已报销的支票可成批删除。

5. 往来账查询

(1) 查询供应商明细账

① 选择"往来"|"账簿"|"供应商往来明细账"|"供应商明细账"命令,打开"供应商明细账"对话框。

② 选择供应商"百汇",单击"确定"按钮,显示供应商明细账。

(2) 客户往来账龄分析

① 选择"往来"|"账簿"|"往来管理"|"客户往来账龄分析"命令,打开"客户往来账龄"对话框。

② 选择查询科目"1122 应收账款",单击"确定"按钮,显示客户往来账龄分析情况。

6. 项目账查询

(1) 查询项目明细账

① 选择"项目"|"账簿"|"项目明细账"|"项目明细账"命令,打开"项目明细账条件"对话框。

② 选择项目"电子教室",单击"确定"按钮,显示项目明细账。

(2) 项目统计分析

① 选择"项目"|"账簿"|"项目统计分析"命令,打开"项目统计条件"对话框。

② 选择全部统计项目,单击"下一步"按钮。

③ 选择生产成本及其明细科目作为统计科目,单击"下一步"按钮。

④ 选择统计月份"2015.01",单击"完成"按钮,显示项目统计情况。

实验结束,备份实验四账套数据。

实验五　总账管理期末处理

【实验目的】

掌握 T3 中总账系统月末处理的相关内容,熟悉总账系统月末处理业务的各种操作,掌握银行对账、自动转账设置与生成、对账和月末结账的操作方法。

【实验内容】

1. 银行对账。
2. 自动转账。
3. 对账。
4. 结账。

【实验准备】

引入"实验四"账套数据。

【实验要求】

1. 以"王蒙蒙"的身份进行银行对账操作。
2. 以"秦艳"的身份进行自动转账操作。
3. 以"丁力"的身份进行审核、记账、对账、结账操作。

【实验资料】

1. 银行对账

(1) 银行对账期初

华腾科技银行账的启用日期为 2015.01.01，工行人民币户企业日记账调整前余额为 211 057.16 元，银行对账单调整前余额为 233 829.16 元，未达账项一笔，系银行已收企业未收款 22 772 元。

(2) 银行对账单(见表 3-4)

表 3-4　1 月份银行对账单

日　　期	结 算 方 式	票　　号	借 方 金 额	贷 方 金 额
2015.01.03	201	XJ001		10 000
2015.01.08	202	ZZR001		3 510
2015.01.14	202	ZZR002	99 600	

2. 自动转账定义

(1) 自定义结转

计提短期借款利息(年利率 8%)

借：财务费用/利息支出(660301)　　JG()取对方科目计算结果
　　贷：应付利息(2231)　　　　　　短期借款(2001)科目的贷方期末余额×8%÷12

(2) 期间损益结转

3. 自动转账生成

(1) 生成上述定义的自定义凭证，并审核、记账。

(2) 生成期间损益结转凭证，并审核记账。

4. 对账

5. 结账

【实验指导】

1. 银行对账

以"102 王蒙蒙"的身份注册进入 T3 主界面。

(1) 输入银行对账期初数据

① 选择"现金"|"设置"|"银行期初录入"命令，打开"银行科目选择"对话框。

② 选择科目"100201 人民币户"，单击"确定"按钮，进入"银行对账期初"窗口。

③ 确定启用日期为"2015.01.01"。

④ 输入单位日记账的调整前余额"211 057.16";输入银行对账单的调整前余额"233 829.16"。

⑤ 单击"对账单期初未达项"按钮,进入"银行方期初"窗口。

⑥ 单击"增加"按钮,输入日期"2014.12.31",结算方式"202",借方金额"22 772"。

⑦ 单击"保存"按钮,再单击"退出"按钮,如图3-27所示。

图3-27　银行对账期初

注意:
- 银行期初录入功能用于第一次使用银行对账功能前,录入银行日记账及对账单未达账项,在开始使用银行对账之后一般不再使用。
- 在录入完单位日记账、银行对账单期初未达账项后,请不要随意调整启用日期,尤其是向前调,这样可能会造成启用日期后的期初数不能再参与对账。

(2) 录入银行对账单

① 选择"现金"|"现金管理"|"银行账"|"银行对账单"命令,打开"银行科目选择"对话框。

② 选择科目"100201 人民币户",月份"2015.01—2015.01",单击"确定"按钮,进入"银行对账单"窗口。

③ 单击"增加"按钮,输入银行对账单数据,如图3-28所示,单击"保存"按钮。

图3-28　录入银行对账单

(3) 银行对账

自动对账

① 选择"现金"|"现金管理"|"银行账"|"银行对账"命令,打开"银行科目选择"对话框。

② 选择科目"100201 人民币户",月份截止至"2015.01",单击"确定"按钮,进入"银行对账"窗口。

③ 单击"对账"按钮,打开"自动对账"条件对话框。

④ 输入截止日期"2015.01.31",默认系统提供的其他对账条件。

⑤ 单击"确定"按钮,显示自动对账结果,如图 3-29 所示。

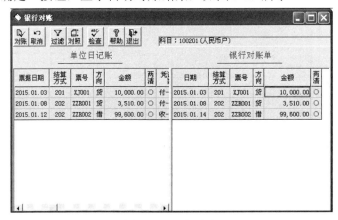

图 3-29 银行对账

注意:
- 对账条件中的方向、金额相同是必选条件,对账截止日期可输入也可不输。
- 对于已达账项,系统自动在银行存款日记账和银行对账单双方的"两清"栏打上圆圈标志。

手工对账

① 在"银行对账"窗口,对于一些应勾对而未勾对上的账项,可分别双击"两清"栏,直接进行手工调整。手工对账的标记为"Y",以区别于自动对账标记。

② 对账完毕,单击"检查"按钮,检查结果平衡,单击"确认"按钮。

注意:
在自动对账不能完全对上的情况下,可采用手工对账。

(4) 输出余额调节表

① 选择"现金"|"现金管理"|"银行账"|"余额调节表查询"命令,进入"银行存款余额调节表"窗口。

② 选中科目"100201 人民币户"。

③ 单击"查看"或双击该行,即显示该银行账户的银行存款余额调节表。

2. 自动转账定义

以"103 秦艳"的身份重新注册总账系统。

(1) 自定义结转设置

① 选择"总账"|"期末"|"转账定义"|"自定义转账"命令,进入"自动转账设置"窗口。

② 单击"增加"按钮,打开"转账目录"设置对话框。

③ 输入转账序号"0001",转账说明"计提短期借款利息";选择凭证类别"转账凭证",如图 3-30 所示。

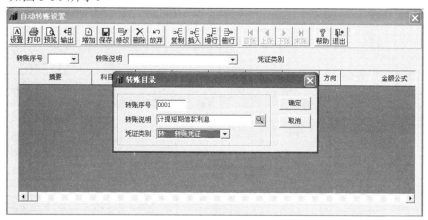

图 3-30 自定义转账—转账目录

④ 单击"确定"按钮,继续定义转账凭证分录信息。

⑤ 确定分录的借方信息。选择科目编码"660301",方向"借",输入金额公式"JG()"。

注意:

- 转账科目可以为非末级科目,部门可为空,表示所有部门。
- 输入转账计算公式有两种方法:一是直接输入计算公式;二是引导方式录入公式。
- JG()含义为"取对方科目计算结果",其中的"()"必须为英文符号,否则系统提示"金额公式不合法:未知函数名"。

⑥ 单击"增行"按钮。

⑦ 确定分录的贷方信息。选择科目编码"2231",方向"贷",在"金额公式"栏单击参照按钮,打开"公式向导"对话框,选择"期末余额 QM( )",单击"下一步"按钮。

⑧ 选择科目"2001",如图 3-31 所示。单击"完成"按钮,返回"金额公式"栏。

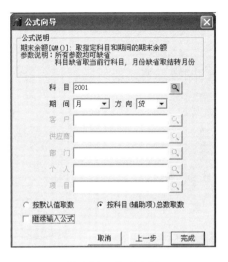

图 3-31 公式向导

⑨ 继续输入"*0.08/12",如图 3-32 所示。

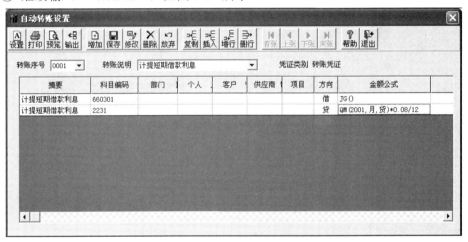

图 3-32 自动转账设置

⑩ 单击"保存"按钮。

(2) 期间损益结转设置

① 选择"总账"|"期末"|"转账定义"|"期间损益"命令,进入"期间损益结转设置"窗口。

② 选择凭证类别"转账凭证",选择本年利润科目"4103",如图 3-33 所示,单击"确定"按钮。

图 3-33　期间损益结转设置

3. 转账生成

(1) 自定义转账生成

① 选择"总账"|"期末"|"转账生成"命令，进入"转账生成"窗口。
② 选择"自定义转账"单选按钮，单击"全选"按钮。
③ 单击"确定"按钮，系统生成转账凭证。
④ 单击"保存"按钮，系统自动将当前凭证追加到未记账凭证中，凭证左上角出现"已生成"标志，如图 3-34 所示。

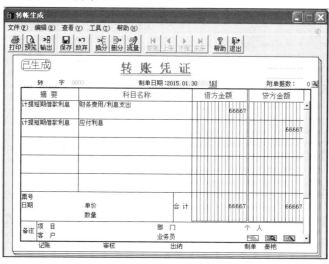

图 3-34　自定义转账生成

⑤ 由丁力对该凭证进行审核、记账。

注意：

- 转账生成之前，注意转账月份为当前会计月份。

- 进行转账生成之前，先将相关经济业务的记账凭证登记入账。
- 转账凭证每月只生成一次。
- 生成的转账凭证仍需审核，才能记账。
- 以"丁力"身份将生成的自动转账凭证审核、记账

(2) 期间损益结转生成

① 以"秦艳"的身份生成期间损益结转凭证。
② 选择"总账"|"期末"|"转账生成"命令，进入"转账生成"窗口。
③ 选择"期间损益结转"单选按钮。
④ 单击"全选"按钮，单击"确定"按钮，生成转账凭证。
⑤ 单击"保存"按钮，系统自动将当前凭证追加到未记账凭证中，如图3-35所示。
⑥ 以"丁力"的身份将生成的自动转账凭证审核、记账。

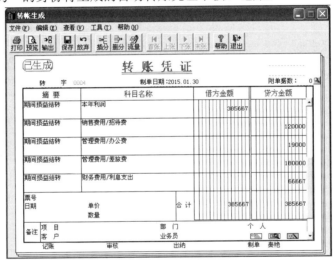

图 3-35　期间损益结转生成

4. 对账

① 以"丁力"的身份进行对账、结账。
② 选择"总账"|"期末"|"对账"命令，进入"对账"窗口。
③ 将光标定位在要进行对账的月份"2015.01"，单击"选择"按钮。
④ 单击"对账"按钮，开始自动对账，并显示对账结果。
⑤ 单击"试算"按钮，可以对各科目类别余额进行试算平衡。

5. 结账

(1) 结账

① 选择"总账"|"期末"|"结账"命令，进入"结账"窗口。

② 单击要结账月份"2015.01",单击"下一步"按钮。
③ 单击"对账"按钮,系统对要结账的月份进行账账核对。
④ 单击"下一步"按钮,系统显示"2015年01月工作报告",如图3-36所示。

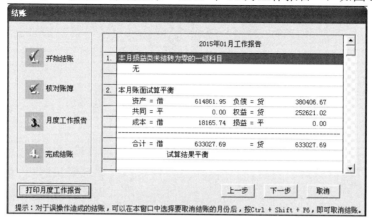

图 3-36 工作报告

⑤ 查看工作报告后,单击"下一步"按钮,单击"结账"按钮,若符合结账要求,系统将进行结账,否则不予结账。

注意:
- 结账只能由有结账权限的人进行。
- 本月还有未记账凭证时,则本月不能结账。
- 结账必须按月连续进行,上月未结账,则本月不能结账。
- 若总账与明细账对账不符,则不能结账。
- 如果与其他系统联合使用,其他子系统未全部结账,则本月不能结账。
- 结账前要进行数据备份。

(2) 取消结账

① 选择"总账"|"期末"|"结账"命令,进入"结账"窗口。
② 选择要取消结账的月份"2015.01"。
③ 按 Ctrl+Shift+F6 键打开"确认口令"对话框。
④ 输入主管口令,单击"确认"按钮,取消结账标记。

注意:
当结完账后,由于非法操作或计算机病毒或其他原因可能会造成数据被破坏,这时可以在此使用"取消结账"功能。

全部实验完成后,备份实验五账套数据。

第 4 章 报表管理

4.1 报表管理系统概述

会计作为一个以提供财务信息为主的管理信息系统，其目的是向企业内外的信息使用者提供相关会计信息，表现形式为财务报告及各类管理报表。

4.1.1 报表的分类

会计信息使用者可以分为国家宏观管理部门、企业的投资者和债权人、企业的管理者、职工及其他与企业有相关利益关系的群体。不同的会计信息使用者对会计信息的关注重点是有区别的。对外部信息使用者来说，企业必须于每个会计期末编制并在规定时间内上报三张报表，即反映企业特定时点财务状况的资产负债表、反映企业特定会计期间经营成果的利润表和反映企业特定会计期间现金流动情况的现金流量表，这三张报表也称为基本财务报表。对于企业管理者来说，以上报表所提供的会计信息是远远不能满足其管理分析需求的，他们往往需要了解每一个业务部门、每一项业务活动、每一个员工、每一个产品对企业总体的价值贡献，这就需要编制各种形态的内部管理报表。

4.1.2 报表管理系统的基本功能

财务报表管理系统是 T3 管理软件中的一个子系统，与通用电子表格软件如 Excel 相比，财务软件中的报表处理系统能轻松实现与总账及其他业务系统的对接，即数据共享和集成。虽然报表中的数据可以从总账及其他业务系统中获得，但并不意味着报表系统能自动提供所需要的报表。准确地讲，报表系统只提供了制作报表的工具及一些常见的模板，需要使用者利用这套工具，设计并制作出符合不同群体要求的会计报表。

报表管理系统的基本功能就是按需求设计报表的格式、编制并输出报表，并对报表进行审核、汇总，挖掘数据的价值，生成各种分析图表。具体分为以下几项。

1. 文件管理功能

财务报表系统中提供了各类文件的管理功能，除能完成一般的文件管理外，财务报表的数据文件还能够转换为不同的文件格式，如文本文件、MDB 文件、XLS 文件等。此外，通过财务报表系统提供的"导入"和"导出"功能，可以实现和其他流行财务软件之间的数据交换。

2. 格式设计功能

财务报表系统提供的格式设计功能，可以设置报表尺寸、组合单元、画表格线、调整行高列宽、设置字体和颜色、设置显示比例等。同时，财务报表系统还内置了 11 种套用格式和 19 个行业的标准财务报表模板，包括最新的现金流量表，方便了用户标准报表的制作；对于用户单位内部常用的管理报表，财务报表系统还提供了自定义模板功能。

3. 公式设计功能

财务报表系统提供了绝对单元公式和相对单元公式，可以方便、迅速地定义计算公式、审核公式、舍位平衡公式；财务报表系统还提供了种类丰富的函数，在系统向导的引导下可轻松地从用友账务及其他子系统中提取数据，生成财务报表。

4. 数据处理功能

财务报表系统的数据处理功能可以固定的格式管理大量数据不同的表页，并在每张表页之间建立有机的联系。此外，还提供了表页的排序、查询、审核、舍位平衡、汇总功能。

5. 图表功能

财务报表系统可以很方便地对数据进行图形组织和分析，制作包括直方图、立体图、圆饼图、折线图等多种分析图表，并能编辑图表的位置、大小、标题、字体、颜色、打印输出。

4.1.3　报表编制的基本概念及基本原理

在编制财务报表之前，先让我们了解一下财务报表系统的相关概念。

1. 报表结构

首先，让我们先通过下面这张报表来分析一下报表的构成。

<table>
<tr><td colspan="4" align="center">资产负债表</td><td>标题</td></tr>
<tr><td>编制单位：</td><td colspan="2" align="center">2015 年 1 月 31 日</td><td>单位：元</td><td>表头</td></tr>
<tr><td align="center">资　产</td><td align="center">行　次</td><td align="center">期　初　数</td><td align="center">期　末　数</td><td rowspan="5" align="center">表体</td></tr>
<tr><td>流动资产：</td><td></td><td></td><td></td></tr>
<tr><td align="center">货币资金</td><td align="center">1</td><td align="right">20 000.00</td><td></td></tr>
<tr><td align="center">应收账款</td><td></td><td align="right">438 980.00</td><td></td></tr>
<tr><td align="center">资产合计</td><td></td><td align="right">6 753 241.45</td><td></td></tr>
<tr><td>会计主管：</td><td colspan="2" align="center">制表人：</td><td></td><td>表尾</td></tr>
</table>

一般来说，报表的格式由四个基本要素组成：标题、表头、表体和表尾。

2. 格式状态和数据状态

除了我们上面标注的，把一张报表按结构分为标题、表头、表体和表尾外，还可以有另外一种思路：按项目把报表分为每月基本固定不变的项目(如上表中的标题、编制单位、资产项目、行次、表尾等，称为表样)和每月变动的项目(如期初数、期末数、编报日期)。编制报表的工作也相应分为两大部分：格式设计和数据处理，这两部分工作是在不同的状态下进行的，分别对应"格式"状态和"数据"状态。

在格式状态下主要完成报表表样的设计。如设定表尺寸、行高列宽、画表格线，设置单元属性和单元风格，设置报表关键字及定义组合单元，定义报表的计算公式、审核公式及舍位平衡公式。在格式状态下，所看到的是报表的格式，报表的数据全部隐藏。在格式状态下所进行的操作对本报表所有表页发生作用，并且不能进行数据的录入、计算等操作。

在数据状态下可管理报表的数据，如录入关键字、输入数据、自动计算、对表页进行管理、审核、舍位平衡、制作图形、汇总报表等。在数据状态下不能修改报表的格式，看到的是报表的全部内容，包括格式和数据。

报表工作区的左下角有一个"格式/数据"按钮，单击这个按钮可以在格式状态和数据状态之间切换。

3. 二维表和三维表

确定某一数据位置的要素称为"维"。在一张有方格的纸上填写一个数，这个数的位置可通过行和列(二维)来描述。

如果将一张有方格的纸称为表，那么这个表就是二维表，通过行(横轴)和列(纵轴)可以找到这个二维表中任何位置的数据。

如果将多个相同的二维表叠在一起，找到某一个数据的要素需增加一个，即表页号(Z轴)。这一叠表称为一个三维表。

如果将多个不同的三维表放在一起，要从这多个三维表中找到一个数据，又需增加一个要素，即表名。三维表的表间操作即为"四维运算"。因此，在 UFO 中要确定一个数据的所有要素为：表名、列、行、表页。如利润表第 2 页的 C5 单元，表示为："利润表"→C5@2。

4. 报表文件及表页

报表在计算机中以文件的形式保存并存放，每个文件都有一个唯一的文件名，如"利润表.rep"，其中"rep"是财务报表管理系统的文件标志。

财务报表系统中的报表最多可容纳 99 999 张表页，每一张表页是由许多单元组成的。一个报表文件中的所有表页具有相同的格式，但其中的数据不同。表页在报表中的序号在表页的下方以标签的形式出现，称为"页标"。页标用"第 1 页"至"第 99 999 页"表示，当前表的第 2 页，可以表示为@2。

5. 单元及单元属性

单元是组成报表的最小单位，单元名称由所在列、行标识，行号用数字 1 至 9 999 表示，列标用字母 A 至 IU 表示。例如，C8 表示第 3 列与第 8 行交叉的那个单元。单元属性包括单元类型及单元格式。

(1) 单元类型

单元类型是指单元中可以存放的数据的类型，数据类型有数值型数据、字符型数据和表样型数据三种，相应地有数值单元、字符单元和表样单元。

数值单元用于存放报表的数据，在数据状态下可以直接输入或由单元中存放的单元公式运算生成。建立一个新表时，所有单元的类型默认为数值型。

字符单元也是报表的数据，也在数据状态下输入。字符单元的内容可以是汉字、字母、数字及各种键盘可输入的符号组成的一串字符，一个单元中最多可输入 63 个字符或 31 个汉字。字符单元的内容也可由单元公式生成。

表样单元是报表的格式，是定义一个没有数据的空表所需的所有文字、符号或数字。一旦单元被定义为表样，那么在其中输入的内容对所有表页都有效。表样单元在格式状态下输入和修改，在数据状态下不允许修改。

(2) 单元格式

单元格式是设定单元中数据的显示格式，如字体大小或颜色设置、对齐方式、单元边框线设置等。

6. 区域与组合单元

由于一个单元只能输入有限个字符，而在实际工作中有的单元有超长输入情况，这时，可以采用系统提供的组合单元。组合单元由相邻的两个或更多的单元组成，这些单元必须是同一种单元类型(表样、数值、字符)，财务报表系统在处理报表时将组合单元视为一个单元。可以组合同一行相邻的几个单元，可以组合同一列相邻的几个单元，也可以把一个多行多列的平面区域设为一个组合单元。组合单元的名称可以用区域的名称或区域中的单元的名称来表示。例如，把 B2 到 B3 定义为一个组合单元，这个组合单元可以用"B2"、"B3"或"B2:B3"表示。

区域由一张表页上的一组单元组成，自起点单元至终点单元是一个完整的长方形矩阵。在财务报表系统中，区域是二维的，最大的区域是一个表的所有单元(整个表页)，最小的区域是一个单元。例如，A6 到 C10 的长方形区域表示为"A6:C10"，起点单元与终点单元用":"连接。

7. 固定区及可变区

固定区指组成一个区域的行数和列数是固定的数目。一旦设定好以后，在固定区域内其单元总数是不变的。

可变区是指组成一个区域的行数或列数是不固定的数字，可变区的最大行数或最大列数是在格式设计中设定的。在一个报表中只能设置一个可变区，或是行可变区或是列可变区。行可变区是指可变区中的行数是可变的；列可变区是指可变区中的列数是可变的。设置可变区后，屏幕只显示可变区的第一行或第一列，其他可变行列隐藏在表体内。在以后的数据操作中，可变行列数随着操作需要而增减。

有可变区的报表称为可变表。没有可变区的表称为固定表。

8. 关键字

关键字是一种特殊的数据单元，可以唯一标识一个表页，用于在大量表页中快速选择表页。如一个资产负债表的表文件可放一年 12 个月的资产负债表(甚至多年的多张表)，要对某一张表页的数据进行定位，需要设置一些定位标志，这在财务报表系统中称为关键字。

财务报表系统中共提供了以下 6 种关键字，它们是"单位名称"、"单位编号"、"年"、"季"、"月"、"日"；除此之外，财务报表系统还增加了一个自定义关键字，当定义名称为"周"和"旬"时有特殊意义，可以用于业务函数中代表取数日期，可以从其他系统中提取数据，在实际工作中可以根据具体情况灵活运用这些关键字。

关键字的显示位置在格式状态下设置，关键字的值则在数据状态下录入，每张报表可以定义多个关键字。

4.1.4 报表编制的基本流程

报表编制的基本操作流程如图 4-1 所示。

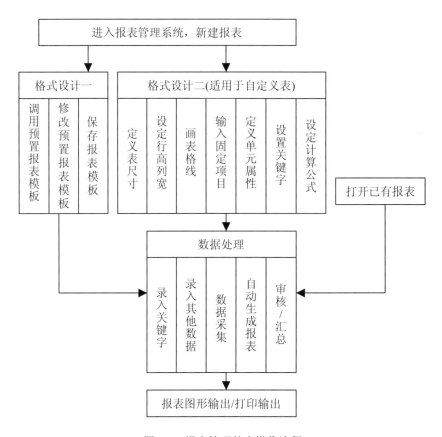

图 4-1　报表管理基本操作流程

4.2　财务报表编制

从图 4-1 中可以看出，编制报表时分为两种情况，如果报表此前已定义，直接打开报表文件进入数据处理状态生成报表即可；如果是第一次利用报表管理系统编制报表，就需要从格式设计开始。根据报表是对外财务报表还是内部管理报表，又分为两种处理方式：利用报表模板编制报表和自定义会计报表。下面分别针对这两种处理方式进行说明。

4.2.1　自定义会计报表

对于企业来讲，数量最大的是企业内部管理报表。由于各企业所属行业不同、管理需求不同，因此，内部管理报表差异性很大，需要利用报表管理软件自定义会计报表。

1. 报表格式定义

报表格式设计在"格式"状态下进行，报表格式设计决定了报表的外观和结构。

(1) 设置表尺寸

即定义一张表格包括几行几列，计算行数时应包括标题、表头、表体、表尾四个部分。

(2) 设置组合单元和报表标题

一般来讲，报表标题在整个报表中处于居中位置，字体较报表中一般项目醒目，需要设置组合单元。

(3) 设置表头定义关键字

表头中包括编报单位、编报日期和金额单位。如果编报单位和金额单位每月都是固定的，可以直接输入，作为表样型数据固定下来。编报日期是系统从数据库中不同数据表取数的依据，需要作为关键字处理。

(4) 设计表栏，定义行高列宽

表栏一般为表体中第一行和第一列，表栏定义了报表中的项目及主要反映的内容，因此表栏字体及行、列格式通常与表内项目存在一些差异。

表栏中的文字一般属于表样内容，每月固定不变，在格式状态下正常输入即可。

设置行高、列宽时应以能够清晰显示本行最高的数据和本列最长的数据为基本标准。

(5) 画表格线

在报表界面，虽然看到屏幕上有格线，其实是不存在的，仅仅是为了方便设置的显示方式，如果希望报表中表体部分的数据之间用网格分开，需要自己设置表格线。

(6) 定义单元属性

定义单元属性有两个方面的作用：一是设定单元存放的数据类型；二是设置数据的显示形式。

财务报表系统默认所有单元均为数值型。而在格式状态下输入的单元均为表样型。如果表尾中制表人每月相同，可以作为表样型数据处理，在"格式"状态下输入。如果制表人每月是不确定的，需要在"格式"状态下将单元设置为"字符"数据类型，才能每月手工输入制表人姓名。

数据的显示形式设定了数据的字体、字号、数据的显示样式。

(7) 输入表内其他汉字项目及表尾内容

(8) 设定报表公式

设定报表公式是设定报表数据的计算规则，主要包括单元公式、审核公式和舍位平衡公式。

① 计算公式：定义了报表数据之间的运算关系，可以实现报表系统从其他子系统中取数。

② 审核公式：用于审核报表内或报表之间的勾稽关系是否正确。

③ 舍位平衡公式：用于报表数据进行进位或小数取整时调整数据，如将以"元"为单位的报表数据变成以"万元"为单位的报表数据，且其中的平衡关系依然成立。

2. 数据处理

数据处理在"数据"状态下进行，是输入数据或按照预先设定的计算公式从账簿中取数生成报表的过程。在数据处理状态下需要执行以下几项工作。

(1) 账套初始

如果系统内只有单一账套，无须做账套初始工作。如果存在多个企业账套，需要在生成报表之前选择账套。

(2) 录入关键字

关键字是报表系统从账务系统海量数据中读取所需要的数据的唯一标识。在自动生成报表之前一定要以录入关键字的方式确定数据源。

(3) 生成报表

在未设置公式的数值单元或字符单元中输入数据，设置了公式的单元将自动显示结果。如果报表中设置了审核公式和舍位平衡公式，可以执行审核和舍位，还可以进行进一步的图形处理。

(4) 报表汇总

报表汇总是将具有相同结构的几张报表进行数据汇总生成汇总报表。主要用于主管单位对基层单位的上交报表进行汇总或将同一企业不同时期的报表数据进行阶段汇总。财务报表系统提供了表页汇总和可变区汇总两种汇总方式。

4.2.2 利用模板快速编制财务报告

在财务报表系统中，一般都预置了分行业的常用会计报表格式，称为报表模板。企业可以以系统提供的报表模板为基础，实现财务报告的快速编制。

1. 套用格式

从自定义报表的过程中可以看出，格式设计占用了大量的时间。实际上系统中提供了11 种常用报表格式，如果企业制作的报表与系统内置的报表格式相近，可以选择"套用格式"，以节省报表格式设计过程。

2. 报表模板

财务报表系统提供的报表模板包括了 19 个行业的 70 多张标准财务报表(包括现金流量表)，还可以包含用户自定义的模板。用户可以根据企业所在行业挑选相应的报表套用其格式及计算公式。

注意：
当前报表套用报表模板后，原有的格式和数据全部丢失。

3. 自定义模板

用户可以根据本单位的实际需要定制内部报表模板，并可将自定义的模板加入到系统提供的模板库中，供今后生成报表使用。

4.2.3 报表公式定义

由于各种报表数据之间存在着密切的逻辑关系，所以，报表中各种数据的采集、运算和勾稽关系的检测就需要用不同的公式。主要有计算公式、审核公式和舍位平衡公式，其中计算公式必须要进行设置，而审核公式和舍位平衡公式则根据实际需要进行设置。

1. 计算公式

财务报表中的数据可能有不同的来源：有些数据需要手工输入，例如在资产负债表中直接输入各项目的数据；有些数据是由其他报表项目运算得到的，例如"固定资产净值"、"所有者权益合计"、"税后利润"等项目；有些数据是从其他报表中取来的，例如"期末未分配利润"项目；还有些数据可以从账务系统中直接提取。除了手工输入的数据，其他数据都需要通过定义计算公式来得到。

计算公式可以直接定义在报表单元中，这样的公式称为"单元公式"。单元公式定义在报表中的数值型或字符型单元内，用来建立表内各单元之间、报表与报表之间或报表系统与其他系统之间的运算关系。

单元公式在格式状态下定义。在报表中选择要定义公式的单元，按"="号弹出"单元公式"对话框，在其中输入单元公式。如果定义的公式符合语法规则，单击"确认"按钮后公式写入单元中。如果公式有语法错误，则将提示错误。一个单元中如果定义了单元公式，则在格式状态下，单元中显示"公式单元"这4个汉字，单元公式显示在编辑栏中；在数据状态下，单元中显示公式的结果，单元公式显示在编辑栏中。

财务报表中的很多数据都来自于账簿，从账簿中获取数据是通过函数来实现的，函数在计算公式中占有重要的位置。

按照函数的用途不同，函数又分为账务函数、其他业务系统取数函数、统计函数、数学函数、日期时间函数、本表他页取数函数等。下面举例说明常用函数的用法。

(1) 账务函数

账务函数通常用来采集总账中的数据，因此使用得较为频繁。

常用账务取数函数见表4-1所示。

表4-1 常用账务取数函数

函 数 意 义	中文函数名	函 数 名
取对方科目发生数	对方科目发生	DFS
取某科目本期发生数	发生	FS
取汇率	汇率	HL
取某科目借、贷方发生净额	净额	JE
取某科目累计发生额	累计发生	LFS
取某科目期初数	期初	QC

(续表)

函 数 意 义	中文函数名	函 数 名
取某科目期末数	期末	QM
取对方科目数量发生数	数量对方科目发生	SDFS
取某科目本期数量发生数	数量发生	SFS
取某科目借、贷方数量发生净额	数量净额	SJE
取某科目数量累计发生额	数量累计发生	SLFS
取某科目数量期初数	数量期初	SQC
取某科目数量期末数	数量期末	SQM
取符合指定条件的数量发生数	数量条件发生	STFS
取符合指定条件的发生数	条件发生	TFS
取对方科目外币发生数	外币对方科目发生	WDFS
取某科目本期外币发生数	外币发生	WFS
取某科目借、贷方外币发生净额	外币净额	WJE
取某科目外币累计发生额	外币累计发生	WLFS
取某科目外币期初数	外币期初	WQC
取某科目外币期末数	外币期末	WQM
取符合指定条件的外币发生数	外币条件发生	QTFS

(2) 统计函数

统计函数一般用来做报表数据的统计工作，如报表中的"合计"项。常用统计函数如表 4-2 所示。

表 4-2 常用统计函数

函 数	固 定 区	可 变 区	立 体 方 向
合计函数	PTOTAL	GTOTAL	TOTAL
平均值函数	PAVG	GAVG	AVG
计数函数	PCOUNT	GCOUNT	COUNT
最小值函数	PMIN	GMIN	MIN
最大值函数	PMAX	GMAX	MAX

(3) 本表他页取数函数

本表他页取数函数用于从同一报表文件的其他表页中采集数据。

很多报表数据是从以前的历史记录中取得的，如本表其他表页。当然，这类数据可以通过查询历史资料而取得，但是查询既不方便，又会由于抄写错误而引起数据的失真。而如果在计算公式中进行取数设定，既减少工作量，又节约时间，同时数据的准确性也得到了保障。这就需要用到表页与表页间的计算公式。

① 取确定页号表页的数据

当所取数据所在的表页页号已知时，用以下格式可以方便地取得本表他页的数据：

$$<目标区域> = <数据源区域> @ <页号>$$

例如，下面单元公式令各页 B2 单元均取当前表第一页 C5 单元的值。

$$B2=C5@1$$

② 按一定关键字取数

"SELECT()"函数常用于从本表他页取数计算。

如在"损益表"中，累计数=本月数+同年上月累计数，可以表示为

$$D=C+SELECT(D，年@=年 \text{ and } 月@=月+1)$$

(4) 从其他报表取数计算

当从他表取数时，已知条件并不是页号，而是希望按照年、月、日等关键字的对应关系来取他表数据，就必须用到关联条件。

报表间的计算公式与同一报表内各表页间的计算公式很相近，主要区别就是把本表表名换为他表表名。

报表与报表间的计算公式分为：取他表确定页号表页的数据和用关联条件从他表取数。

① 取他表确定页号表页的数据

用以下格式可以方便地取得已知页号的他表表页数据：

$$<目标区域> = \text{"}<他表表名>\text{"} \ -> <数据源区域>[\ @ <页号>]$$

当<页号>是默认设置时为本表各页分别取他表各页数据。

② 用关联条件从他表取数

当从他表取数时，已知条件并不是页号，而是希望按照年、月、日等关键字的对应关系来取他表数据，就必须用到关联条件。

表页关联条件的意义是建立本表与他表之间以关键字或某个单元为联系的默契关系。

从他表取数的关联条件的格式为：

RELATION <单元|关键字|变量|常量> WITH "<他表表名>"-> <单元|关键字|变量|常量>

2. 审核公式

在经常使用的各类财务报表中，每个数据都有明确的经济含义，并且各个数据之间一般都有一定的勾稽关系。为了确保报表编制的准确性，经常利用这种报表间或报表内的勾稽关系对报表进行正确性检查。一般来讲，称这种检查为数据的审核。为此财务报表系统

特意提供了数据的审核公式,它将报表数据之间的勾稽关系用公式表示出来,我们称之为审核公式。

审核公式的一般格式为

<表达式><逻辑运算符><表达式>[MESS"说明信息"]

3. 舍位平衡公式

如果是集团公司,对下属单位报表进行汇总时,有可能会遇到:下属单位报送的报表的计量单位不统一;或者汇总完成后汇总表的数据按现有金额单位衡量过大。这时需要将报表的数据单位进行转换,如将"元"转化为"千元"或"万元",称为舍位操作。舍位之后,报表中原有的平衡关系可能会因为小数位的四舍五入而被破坏,因此需要对数据重新进行调整。在财务报表系统中,这种用于对报表数据舍位及重新调整报表舍位之后平衡关系的公式,称为舍位平衡公式。

定义舍位平衡公式时,需要指明"舍位表名"、"舍位范围"、"舍位位数"和"平衡公式"几项。

注意:
- 舍位平衡公式是指用来重新调整报表数据进位后的小数位平衡关系的公式。
- 每个公式一行,各公式之间用逗号","(半角)隔开,最后一条公式不用写逗号,否则公式无法执行。
- 等号左边只能为一个单元(不带页号和表名)。
- 舍位公式中只能使用"+"、"-"符号,不能使用其他运算符及函数。

4.2.4 编制现金流量表

之所以把现金流量表单列,是因为它的编制与资产负债表和利润表不同。资产负债表和利润表的数据直接来自总账科目,或是余额,或是发生额。而现金流量表上的数据与账簿上的科目没有直接对应关系。那如何编制现金流量表呢?下面利用项目辅助核算来解决这个问题。

1. 初始设置

利用项目辅助核算编制现金流量表,需要在基础设置中做好以下两项工作。
(1) 设置现金流量科目

首先,在"基础设置"一章中建立会计科目时需要指定现金流量科目。在会计科目界面中,选择"编辑"|"指定科目"命令,打开"指定科目"对话框,指定"1001 现金、1002 银行存款、1009 其他货币资金"为现金流量科目。

(2) 设置现金流量辅助核算

在定义项目目录时,增加"现金流量"项目大类,项目属性为"现金流量项目",系统自动设定项目分类及项目目录。

2. 日常业务处理

日常业务发生是通过填制凭证在系统中记录的,如果制单科目涉及现金科目,系统要求将该现金流量指定到具体的项目上。如处理实验四的第一笔业务"报销招待费"保存时,系统弹出"现金流量表"对话框,要求选择现金流量项目,这样就把每一笔现金收支准确地记录到现金流量对应项目上。

3. 编制现金流量表

编制现金流量表时,在"格式"状态下调用现金流量表模板,利用公式向导引导输入公式。选择用友账务函数中的"现金流量项目金额(XJLL)"函数,接下来选择对应的现金流量项目。定义完成后,保存报表,在数据状态下生成。

4.3 报表输出

编制财务报表的目的是向企业相关利益人提供据以决策的信息。报表数据可以供查询、可以通过网络进行传送、可以打印输出。

4.3.1 报表查询

报表查询是最常用的数据输出形式。利用计算机系统存储容量大、快速检索等优势,可以方便地实现对机内报表数据的查询。

1. 查找表页

利用"编辑"|"查找"命令,指定查找条件,即可快速定位到要查找的表页。也可以利用财务报表提供的表页排序功能,首先按照表页关键字的值或者按照报表中的任何一个单元的值重新排列表页,再行查找。

2. 账证联查

在财务报表系统中,可以实现从报表数据追溯到明细账,进而追溯到凭证的功能,轻松实现"账证表"联查。

注意:
- 必须在数据处理状态下才能使用联查明细账的功能。
- 必须在设置了单元公式的单元中才能使用联查功能。

4.3.2 图表分析

图表是财务报表系统提供的对报表数据的一种直观展示方式,方便对报表数据进行深入分析。

图表是根据报表文件中的数据生成的，不能脱离报表数据独立存在。报表数据发生变化时，图表也随之动态地变化。财务报表系统提供了直方图、圆饼图、折线图、面积图4类图形格式。

实验六 财务报表管理

【实验目的】

1. 理解报表编制的原理及流程。
2. 掌握报表格式定义、公式定义的操作方法；掌握报表单元公式的用法。
3. 掌握报表数据处理、表页管理及图表功能等操作。
4. 掌握如何利用报表模板生成一张报表。

【实验内容】

1. 自定义一张报表。
2. 利用报表模板生成报表。

【实验准备】

引入"实验五"账套数据。

【实验要求】

以账套主管"丁力"的身份进行报表管理操作。

【实验资料】

1. 自定义报表——简易资产负债表

(1) 格式设计

简易资产负债表

编制单位：　　　　　　　　　年　月　日　　　　　　　　单位：元

资产	期末数	负债和所有者权益	期末数
货币资金			
应收账款			
合计			

会计主管：　　　　　　　　　　　　　　　制表人：

要求如下:

报表标题居中;报表各列等宽,宽度为 40 毫米;D8 单元设置为字符型。

(2) 生成 2015 年 1 月简易资产负债表

要求:增加 2 张表页;生成报表;报表审核。

(3) 定义审核公式

检查资产合计是否等于负债和所有者权益合计;如果不等,提示"报表不平"提示信息。

2. 资产负债表和利润表

利用报表模板生成资产负债表、利润表。

【操作指导】

1. 自定义简易资产负债表

① 以账套主管"101 丁力"身份登录财务报表系统。
② 选择"文件"|"新建"命令,建立一张空白报表,报表名默认为"report1"。
③ 报表格式定义。

查看空白报表底部左下角的"格式/数据"按钮,使当前状态为"格式"状态。

(1) 设置报表尺寸

① 选择"格式"|"表尺寸"命令,打开"表尺寸"对话框。
② 输入行数"8",列数"4",单击"确认"按钮。

(2) 定义组合单元

① 选择需合并的区域"A1:D1"。
② 选择"格式"|"组合单元"命令,打开"组合单元"对话框。
③ 选择组合方式为"整体组合"或"按行组合",即合并成一个组合单元,如图 4-2 所示。

图 4-2 组合单元

(3) 画表格线

① 选中报表需要画线的区域"A3:D7"。
② 选择"格式"|"区域画线"命令,打开"区域画线"对话框。
③ 选择"网线",单击"确认"按钮,将所选区域画上表格线。

(4) 输入报表项目

① 选中需要输入内容的单元或组合单元。

② 在该单元或组合单元中输入相关文字内容，如在 A1 组合单元中输入"简易资产负债表"，居中。

注意：
- 报表项目指报表的文字内容，主要包括表头内容、表体项目、表尾项目等，不包括关键字。
- 日期一般不作为文字内容输入，而是需要设置为关键字。

(5) 定义报表列宽

① 选中需要调整的 A 至 D 列。

② 选择"格式"|"列宽"命令，打开"列宽"对话框。

③ 输入列宽"40"，单击"确定"按钮。

注意：
行高、列宽的单位为毫米。

(6) 定义单元属性

① 选定单元"D8"。

② 选择"格式"|"单元属性"命令，打开"单元属性"对话框。

③ 单击"单元类型"选项卡，单击"字符"选项，单击"确定"按钮。

注意：
- 格式状态下输入内容的单元均默认为表样单元，未输入数据的单元均默认为数值单元，在数据状态下可输入数值。若希望在数据状态下输入字符，应将其定义为字符单元。
- 字符单元和数值单元输入后只对本表页有效，表样单元输入后对所有表页有效。

(7) 设置关键字

① 选中需要输入关键字的单元"B2"。

② 选择"数据"|"关键字"|"设置"命令，打开"设置关键字"对话框。

③ 单击"年"单选按钮，单击"确定"按钮。

④ 同理，在 C2 中分别设置"月"和"日"关键字，并设置"月"向左偏移"－30"。

注意：
- 每个报表可以同时定义多个关键字。

- 如果要取消关键字,需选择"数据"|"关键字"|"取消"命令。

(8) 报表公式定义

定义单元公式—账务取数函数定义

① 选定需要定义公式的单元"B4",即"货币资金"的期末数。

② 单击 *fx* 按钮或选择"数据"|"编辑公式"|"单元公式"命令,打开"定义公式"对话框。

③ 单击"函数向导"按钮,找到相应函数及名称,如图4-3所示。

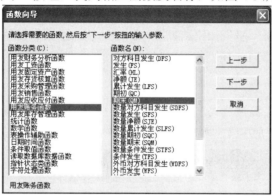

图4-3 函数向导

④ 单击"下一步"按钮,编制财务函数,单击"参照"按钮,如图4-4所示。

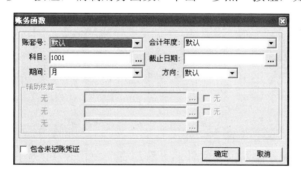

图4-4 参照函数

⑤ 单击"确定"按钮。按文中所述步骤首先设置取现金科目的期末数,返回"定义公式"对话框后,由于货币资金的期末值由库存现金、银行存款、其他货币资金三个科目的期末数组成,因此需要输入"+"号,然后继续设置取银行存款科目的期末数和货币资金科目的期末数,设置完成之后,"定义公式"对话框中的内容为 QM("1001",月,,,,,,,,,)+QM("1002",月,,,,,,,,,)+QM("1012",月,,,,,,,,,)。同理,定义应收账款科目的期末数公式。

注意：
- 单元公式中涉及的符号均为英文半角字符。
- 单击 fx 按钮或双击某公式单元或按"="键，都可打开"定义公式"对话框。
- 在设置参数时，可以选择参照来协助设定公式。

定义单元公式——统计函数

① 选择被定义单元"B7"，即"合计"期末数。

② 单击 fx 按钮，打开"定义公式"对话框。

③ 单击"函数向导"按钮，打开"函数向导"对话框。

④ 在"函数分类"列表框中选择"统计函数"，在右边的"函数名"列表中选中"PTOTAL"，单击"下一步"按钮，打开"固定区统计函数"对话框。

⑤ 输入固定区区域"B4:B6"，单击"确认"按钮。

定义审核公式

① 选择"数据"|"编辑公式"|"审核公式"命令，打开"审核公式"对话框。

② 输入审核公式，如图 4-5 所示。

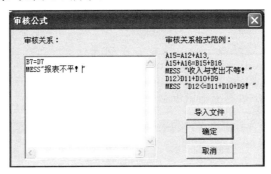

图 4-5　审核公式

保存报表格式

① 选择"文件"|"保存"命令。如果是第一次保存，则打开"另存为"对话框。

② 选择保存文件夹，输入报表文件名"简易资产负债表"，选择保存类型"*.REP"，单击"保存"按钮。

③ 格式定义完成后，如图 4-6 所示。

注意：
- 报表格式设置完以后切记要及时将这张报表格式保存下来，以便以后随时调用。
- 如果没有保存就退出，系统会出现提示"是否保存报表？"，以防止误操作。
- ".REP"为用友报表文件专用扩展名。

	A	B	C	D
1		简易资产负债表		
2	编制单位:		xxxx 年 xx 月xx 日	单位: 元
3	资产	期末数	负债和所有者权益	期末数
4	货币资金	公式单元		
5	应收账款	公式单元		
6				
7	合计	公式单元		
8	会计主管:		制表人:	

图 4-6　定义简易资产负债表

(9) 报表数据处理

打开报表

① 启动财务报表系统，选择"文件"|"打开"命令。

② 选择文件夹，选择报表文件"简易资产负债表.REP"，单击"打开"按钮。

③ 单击空白报表底部左下角的"格式/数据"按钮，使当前状态为"数据"状态。

④ 选择"数据"|"账套初始[Y]"命令，弹出"账套及时间初始"对话框，选择"661"账套，"2015"年，如图 4-7 所示，单击"确认"按钮。

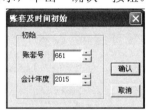

图 4-7　账套及时间初始

注意：

报表数据处理必须在"数据"状态下进行。

增加表页

① 选择"编辑"|"追加"|"表页"命令，打开"追加表页"对话框。

② 输入需要增加的表页数"2"，单击"确认"按钮。

注意：

- 追加表页是在最后一张表页后追加 N 张空表页，插入表页是在当前表页后面插入一张空表页。
- 一张报表最多只能管理 99 999 张表页，试用版最多为 4 页。

输入关键字值

① 选择"数据"|"关键字"|"录入"命令，打开"录入关键字"对话框。

② 输入年"2015"，月"1"，日"31"。

③ 单击"确认"按钮，弹出"是否重算第 1 页？"对话框。

④ 单击"是"按钮，系统会自动根据单元公式计算 1 月份数据；单击"否"按钮，

系统不计算 1 月份数据,以后可利用"表页重算"功能生成 1 月份数据。

注意:
- 每一张表页均对应不同的关键字值,输出时随同单元一起显示。
- 日期关键字可以确认报表数据取数的时间范围,即确定数据生成的具体日期。

生成报表

① 选择"数据"|"表页重算"命令,弹出"是否重算第 1 页?"提示框。

② 单击"是"按钮,系统会自动在初始的账套和会计年度范围内根据单元公式计算生成数据。

注意:
可将生成的数据报表保存到指定位置。

报表审核

① 选择"数据"|"审核"命令。

② 系统会自动根据前面定义的审核公式进行审核,如图 4-8 所示。

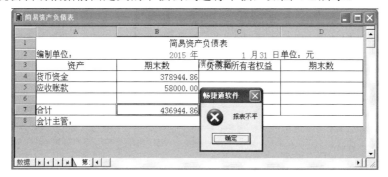

图 4-8 报表审核

2. 调用报表模板生成资产负债表

(1) 调用资产负债表模板

① 在"格式"状态下,选择"格式"|"报表模板"命令,打开"报表模板"对话框。

② 选择您所在的行业为"一般企业(2007 年新会计准则)",财务报表为"资产负债表"。

③ 单击"确认"按钮,弹出"模板格式将覆盖本表格式!是否继续?"提示框。

④ 单击"确定"按钮,即可打开"资产负债表"模板。

(2) 调整报表模板

① 在"格式"状态下,根据本单位的实际情况,调整报表格式,修改报表公式。

② 保存调整后的报表模板。

(3) 生成资产负债表数据

① 在"数据"状态下，选择"数据"|"关键字"|"录入"命令，打开"录入关键字"对话框。

② 输入关键字：年"2015"，月"1"，日"31"。

③ 单击"确认"按钮，弹出"是否重算第 1 页？"提示框。

④ 单击"是"按钮，系统会自动根据单元公式生成 1 月份资产负债表。

⑤ 单击工具栏中的"保存"按钮，将生成的报表数据保存。

注意：
用同样的方法，生成 2015 年 1 月利润表和现金流量表。

第 5 章

工 资 管 理

5.1 工资管理系统概述

5.1.1 工资管理的主要功能

工资核算的任务是以职工个人的工资原始数据为基础,计算应发工资、扣款和实发工资等,编制工资结算单;按部门和人员类别进行汇总,进行个人所得税计算;提供对工资相关数据的多种方式的查询和分析,进行工资费用分配与计提,并实现自动转账处理。

工资管理系统的主要功能包括以下几个方面。

1. 工资类别管理

工资系统提供处理多个工资类别的功能。如果单位按周或一月多次发放工资,或者是单位中有多种不同类别(部门)的人员,工资发放项目不同,计算公式也不同,但需进行统一工资核算管理,应选择建立多个工资类别。

如果单位中所有人员的工资统一管理,而人员的工资项目、工资计算公式全部相同,则只需要建立一个工资类别,以提高系统的运行效率。

2. 人员档案管理

可以设置人员的基础信息并对人员变动进行调整,另外系统也提供了设置人员附加信息的功能。

3. 工资数据管理

可以根据不同企业的需要设计工资项目和计算公式,管理所有人员的工资数据,并对平时发生的工资变动进行调整;自动计算个人所得税,结合工资发放形式进行扣零处理或向代发工资的银行传输工资数据；自动计算、汇总工资数据；自动完成工资分摊、计提、转账业务。

4. 工资报表管理

提供多层次、多角度的工资数据查询。

5.1.2 工资管理系统与其他系统的关系

工资管理系统将工资分摊的结果生成转账凭证，传递到总账系统；另外，工资管理系统向成本核算系统传送相关费用的合计数据。

5.1.3 工资管理系统操作流程

如果企业按周或一月多次发放工资，或者是有多种不同类别的人员，工资发放项目不尽相同，计算公式亦不相同，但需进行统一工资核算管理，则可按以下步骤建立工资系统。

(1) 启动工资管理系统。
(2) 设置工资账参数。
(3) 设置所涉及的部门、所有工资项目、人员类别、银行名称和账号长度。
(4) 建立第一个工资类别，选择所管理的部门。
(5) 录入人员档案。
(6) 选择第一个工资类别所涉及的工资项目并设置工资计算公式。
(7) 录入工资数据。
(8) 建立第二个工资类别并选择所管理的部门。
(9) 录入人员档案或从第一个人员类别中复制人员档案。
(10) 选择第二个工资类别所涉及的工资项目并设置工资计算公式。
(11) 录入工资数据。
(12) 建立第三个工资类别并选择所管理的部门。
……

月末处理前将所要核算的工资类别进行汇总，生成汇总工资类别，然后对汇总工资类别进行工资核算的业务处理。

5.2 工资管理系统初始化

使用计算机处理日常业务之前，必须对通用工资系统进行必要的基础设置，如对部门、人员类别、工资项目、计算公式等进行定义。工资管理系统初始化包括建立工资账套和基础信息设置两部分。

5.2.1 建立工资账套

工资账套与系统管理中的账套是不同的概念，系统管理中的账套是针对整个核算系统，而工资账套是针对工资子系统。要建立工资账套，前提是在系统管理中首先建立本单位的核算账套。建立工资账套时可以根据建账向导分四步进行，即参数设置、扣税设置、扣零设置、人员编码。

5.2.2 基础信息设置

建立工资账套以后，要对整个系统运行所需的一些基础信息进行设置。账套基础信息的设置应该在关闭工资类别的情况下进行。

1. 部门设置

一般来讲，工资是按部门或班组进行汇总、统计、发放，并进入部门费用的，因此工资核算之前需要预先进行部门档案的设置。

2. 人员类别设置

人员类别与工资费用的分配、分摊有关，以便于按人员类别进行工资汇总计算。

3. 人员附加信息设置

此项设置可增加人员信息，丰富人员档案的内容，便于对人员进行更加有效的管理。例如增加人员的性别、民族、婚否等设置。

4. 工资项目设置

工资项目设置即定义工资项目的名称、类型、宽度、小数倍数、增减项。系统中有一些固定项目，是工资账中必不可少的，包括"应发合计"、"扣款合计"、"实发合计"，这些项目不能删除和重命名。其他项目可根据实际情况定义或参照增加，如"基本工资"、"奖励工资"、"请假天数"等。在此设置的工资项目是针对所有工资类别的全部工资项目。

5. 银行名称设置

发放工资的银行可按需要设置多个，这里的银行名称设置是针对所有工资类别的。例如，同一工资类别中的人员由于在不同的工作地点，需在不同的银行代发工资；或者不同的工资类别由不同的银行代发工资，均需设置相应的银行名称。

5.2.3 工资类别管理

工资系统是按工资类别来进行管理的。每个工资类别下有职工档案、工资变动、工资数据、报税处理、银行代发等。对工资类别的维护包括建立工资类别、打开工资类别、删除工资类别、关闭工资类别和汇总工资类别。

1. 人员档案

人员档案的设置用于登记工资发放人员的姓名、职工编号、所在部门、人员类别等信息，此外，员工的增减变动也必须在本功能中处理。人员档案的操作是针对某个工资类别的，即应先打开相应的工资类别。

人员档案管理包括增加/修改/删除人员档案、人员调离与停发处理、查找人员等。

2. 设置工资项目和计算公式

在系统初始中设置的工资项目包括本单位各种工资类别所需要的全部工资项目。由于不同的工资类别，工资发放项目不同，计算公式也不同，因此应对某个指定工资类别所需的工资项目进行设置，并定义此工资类别的工资数据计算公式。

(1) 选择建立本工资类别的工资项目

这里只能选择系统初始中设置的工资项目，不可自行输入。工资项目的类型、长度、小数位数、增减项等不可更改。

(2) 设置计算公式

定义某些工资项目的计算公式及工资项目之间的运算关系。例如，缺勤扣款=基本工资/月工作日×缺勤天数。运用公式可直观表达工资项目的实际运算过程，灵活地进行工资计算处理。定义公式可通过选择工资项目、运算符、关系符、函数等组合完成。

系统固定的工资项目如"应发合计"、"扣款合计"、"实发合计"等的计算公式，由系统根据工资项目设置的"增减项"自动给出。用户在此只能增加、修改、删除其他工资项目的计算公式。

定义工资项目计算公式要符合逻辑，系统将对公式进行合法性检查，不符合逻辑的公式系统将给出错误提示。定义公式时要注意先后顺序，先得到的数据应先设置公式。"应发合计"、"扣款合计"和"实发合计"项目的公式应是公式定义框的最后三个公式，并且"实发合计"的公式要在"应发合计"和"扣款合计"的公式之后。可通过单击公式框的"▲"、"▼"来调整计算公式的顺序。如出现计算公式超长，可将所用到的工资项目名称缩短(减少字符数)，或设置过渡项目。定义公式时可使用函数公式向导参照输入。

5.2.4 录入期初工资数据

第一次使用工资系统前必须将所有人员的基本工资数据录入计算机，作为工资计算的基础数据。

5.3 工资管理系统日常业务处理

工资管理系统的日常业务主要包括对职工档案的维护、职工工资变动数据的录入及计算、个人所得税计算与申报、银行代发工资处理等。

5.3.1 工资变动

由于职工工资与考勤、工作业绩等各项因素相关，因此，每个月都需要进行职工工资数据的调整。为了快速、准确地录入工资数据，系统提供以下功能。

1. 筛选和定位

如果对部分人员的工资数据进行修改，最好采用数据过滤的方法，先将所要修改的人员过滤出来，然后进行工资数据修改。修改完毕后再进行"重新计算"和"汇总"。

2. 页编辑

在工资变动界面中提供了"编辑"按钮，可以对选定的个人进行快速录入。单击"上一人"、"下一人"按钮可变更人员，录入或修改其他人员的工资数据。

3. 替换

将符合条件的人员的某个工资项目的数据统一替换成某个数据，如管理人员的奖金上调 100 元。

4. 过滤器

如果只对工资项目中的某一个或几个项目进行修改，可将要修改的项目过滤出来，如只对"事假天数"、"病假天数"两个工资项目的数据进行修改。对于常用到的过滤项目可以在项目过滤选择后，输入一个名称进行保存，以后可通过过滤项目名称调用，不用时也可以删除。

5.3.2 个人所得税的计算与申报

鉴于许多企事业单位计算职工工资薪金所得税的工作量较大，本系统特提供个人所得税自动计算功能，用户只需自定义所得税率，由系统自动计算个人所得税。

1. 设置个人所得税税率表

系统内置的计算所得税的算法是：3 500 元为起征点，按照国家约定的七级超额累进税率计算表进行计算。如果国家的税收政策发生变化，可以修改"基数"、"附加费用"和税率计算公式。

2. 计算与申报个人所得税

"个人所得税扣缴申报表"是个人纳税情况的记录,企业每月需要向税务机关上报。工资系统预置了该表中的栏目,并且提供了一些可选栏目供企业选择。系统默认"实发工资"作为扣税基数,但企业可以自行选择其他工资项目作为扣税标准。

5.3.3 工资分摊

工资是费用中人工费用最主要的部分,还需要对工资费用进行工资总额的计提计算、分配及各种经费的计提,并编制转账会计凭证,供登账处理之用。

5.3.4 工资分钱清单

工资分钱清单是按单位计算的工资发放分钱票面额清单,会计人员根据此表从银行取款并发给各部门。系统提供了票面额设置的功能,用户可根据单位需要自由设置,系统根据实发工资项目分别自动计算出按部门、人员、企业的各种面额的张数。

5.3.5 银行代发

目前社会上许多单位发放工资时都采用职工凭工资信用卡去银行取款的方法。银行代发业务处理,是指每月末单位应向银行提供银行给定文件格式的软盘。这样做既减轻了财务部门发放工资工作的繁重,又有效地避免了财务去银行提取大笔款项所承担的风险,同时还提高了对员工个人工资的保密程度。

采用银行代发工资方式,需要进行银行代发文件格式设置和银行代发输出格式设置。银行代发文件格式设置是根据银行的要求,设置向银行提供的数据表中所包含的项目的相关属性信息。银行代发输出格式设置是设置向银行提供的数据表以何种文件形式存放在磁盘上,文件中的各数据项目是如何存放和区分的。

5.3.6 工资数据查询统计

工资数据处理结果最终通过工资报表的形式反映,工资系统提供了主要的工资报表,报表的格式由系统提供,如果对报表提供的固定格式不满意,可以通过"修改表"和"新建表"功能自行设计。

1. 工资表

工资表包括工资发放签名表、工资发放条、工资卡、部门工资汇总表、人员类别工资汇总表、条件汇总表、条件统计表、条件明细表、工资变动明细表、工资变动汇总表等由系统提供的原始表。主要用于本月工资发放和统计,工资表可以进行修改和重建。

2. 工资分析表

工资分析表以工资数据为基础，对部门、人员类别的工资数据进行分析和比较，产生各种分析表，供决策人员使用。

5.4 期末处理

5.4.1 月末结转

月末处理是将当月数据经过处理后结转至下月。每月工资数据处理完毕后均可进行月末结转。由于在工资项目中，有的项目是变动的，即每月的数据均不相同，因此在每月工资处理时，均需将其数据清零，而后输入当月的数据，此类项目即为清零项目。

因月末处理功能只有主管人员才能执行，所以应以主管的身份登录系统。

月末结转只有在会计年度的 1 月至 11 月进行，且只有在当月工资数据处理完毕后才可进行。若为处理多个工资类别，则应打开工资类别，分别进行月末结转。若本月工资数据未汇总，系统将不允许进行月末结转。进行月末处理后，当月数据将不允许变动。

5.4.2 年末结转

年末结转是将工资数据经过处理后结转至下年。进行年末结转后，新年度账将自动建立。只有处理完所有工资类别的工资数据，对多工资类别，应关闭所有工资类别，然后在系统管理中选择"年度账"菜单，才能进行上年数据结转。其他操作与月末处理类似。

年末结转只有在当月工资数据处理完毕后才能进行。若当月工资数据未汇总，系统将不允许进行年末结转。进行年末结转后，本年各月数据将不允许变动。若用户跨月进行年末结转，系统将给予提示。年末处理功能只有主管人员才能执行。

实验七 工资管理

【实验目的】

掌握 T3 工资管理的相关内容，掌握工资系统初始化、日常业务处理、工资分摊及月末处理的操作。

【实验内容】

1. 工资管理系统初始设置。
2. 工资管理系统日常业务处理。

3. 工资分摊及月末处理。
4. 工资系统数据查询。

【实验准备】

引入"实验三"账套数据。

【实验要求】

1. 以账套主管"丁力"的身份进行工资账套的建立及初始设置。
2. 以工资类别主管"秦艳"的身份进行工资日常业务处理。

【实验资料】

1. 建立工资账套

工资类别个数：多个；核算币种：人民币 RMB；要求代扣个人所得税，不进行扣零处理；人员编码长度：3 位；启用日期：2015 年 1 月 1 日。

2. 基础信息设置

(1) 人员类别设置

管理人员、经营人员、车间管理人员、生产工人。

(2) 人员附加信息设置

增加"性别"、"身份证号"作为人员附加信息。

(3) 工资项目设置(见表 5-1)

表 5-1 工资项目设置

项目名称	类型	长度	小数位数	增减项
基本工资	数字	8	2	增项
奖金	数字	8	2	增项
交补(交通补助)	数字	8	2	增项
应发合计	数字	10	2	增项
请假扣款	数字	8	2	减项
养老保险金	数字	8	2	减项
扣款合计	数字	10	2	减项
实发合计	数字	10	2	增项
代扣税	数字	10	2	减项
请假天数	数字	8	2	其他

(4) 工资类别及相关信息

① 工资类别一：正式人员

部门选择：所有部门

工资项目：基本工资、奖金、交补、应发合计、请假扣款、养老保险金、扣款合计、实发合计、代扣税、请假天数。

计算公式见表5-2。

表5-2　正式人员工资计算公式

工 资 项 目	定 义 公 式
请假扣款	请假天数*50
养老保险金	(基本工资＋奖金＋交补)*0.08
交补	iff(人员类别="管理人员" OR 人员类别="车间管理人员", 300, 150)

人员档案见表5-3。

表5-3　正式人员档案

人员编号	人员姓名	部门名称	人员类别	账　号	中方人员	是否计税
101	楚雄	企管办	管理人员	20150010001	是	是
201	丁力	财务部	管理人员	20150010002	是	是
202	王蒙蒙	财务部	管理人员	20150010003	是	是
203	秦艳	财务部	管理人员	20150010004	是	是
204	李晓云	财务部	管理人员	20150010005	是	是
301	曾楠	采购部	管理人员	20150010006	是	是
401	侯勇	销售一部	经营人员	20150010007	是	是
402	张茜	销售二部	经营人员	20150010008	是	是
501	姜海北	生产部	车间管理人员	20150010009	是	是
502	石彬	生产部	生产工人	20150010010	是	是

注：以上所有人员的代发银行均为工商银行上地分理处。

② 工资类别二：临时人员

部门选择：生产部

工资项目：基本工资、请假扣款、请假天数

人员档案见表5-4。

表5-4　临时人员档案

人员编号	人员姓名	部门名称	人员类别	账　号	中方人员	是否计税
503	章敏	生产部	生产工人	20150010011	是	是
504	刘洪亮	生产部	生产工人	20150010012	是	是

(5) 银行名称

工商银行上地分理处；账号定长为 11。

(6) 权限设置

设置"秦艳"为两个工资类别的主管。

3. 工资数据

(1) 1 月初人员工资情况

正式人员工资情况见表 5-5。

表 5-5　正式人员工资情况

姓　名	基本工资	奖励工资
楚雄	5 000	500
丁力	3 000	300
王蒙蒙	2 000	200
秦艳	2 500	250
李晓云	2 000	200
曾楠	3 000	300
侯勇	4 500	450
张茜	3 000	300
姜海北	2 500	250
石彬	1 700	170

临时人员工资情况见表 5-6。

表 5-6　临时人员工资情况

姓　名	基本工资
章敏	2 000
刘洪亮	1 500

(2) 1 月份工资变动情况

① 考勤情况：王蒙蒙请假 2 天；曾楠请假 1 天；章敏请假 3 天。

② 因需要，决定招聘李莉(编号 505)到生产部担任生产人员，以补充力量，其基本工资 2 200 元，无奖励工资，代发工资银行账号：20150010013。

③ 因去年销售一部推广产品业绩较好，每人增加奖励工资 200 元。

4. 代扣个人所得税

计税基数 3 500 元。

5. 工资分摊

应付工资总额等于工资项目"实发合计",应付福利费、工会经费、职工教育经费也以此为计提基数。

工资费用分配的转账分录见表 5-7。

表 5-7 工资费用分配明细

工资分摊 部门		应付工资		应付福利费(14%)	
		借方	贷方	借方	贷方
企管办,财务部、采购部	管理人员	660201	221101	660201	221102
销售一部、销售二部	经营人员	660101	221101	660101	221102
生产部	车间管理人员	510101	221101	500102	221102
	生产工人	500102	221101	510101	221102

【操作指导】

1. 在系统管理中启用工资管理系统

① 选择"开始"|"程序"|"T3 系列管理软件"|"T3"|"系统管理"命令,以账套主管身份注册系统管理。

② 选择"账套"|"启用"命令,打开"系统启用"对话框,单击选中"WA 工资管理"复选框,弹出"日历"对话框,选择工资系统启用日期为"2015 年 1 月 1 日",单击"确定"按钮,系统弹出"确实要启用当前系统吗?"信息提示框,单击"是"按钮返回。

③ 在"权限"|"权限"中为"秦艳"增加"工资管理"权限。

2. 建立工资账套

① 以账套主管"丁力"的身份注册进入 T3 主界面。单击"工资",打开"建立工资套"对话框。

② 在建账第一步"参数设置"中,选择本账套所需处理的工资类别个数为"多个",默认币别名称为"人民币",如图 5-1 所示,单击"下一步"按钮。

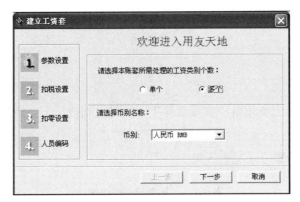

图 5-1 建立工资账套——参数设置

注意：
本例中对正式人员和临时人员分别进行核算，所以工资类别应选择"多个"。

③ 在建账第二步"扣税设置"中，选中"是否从工资中代扣个人所得税"复选框，如图 5-2 所示，单击"下一步"按钮。

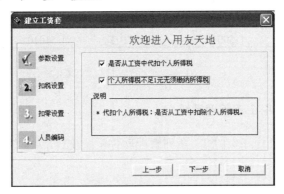

图 5-2 建立工资套——扣税设置

注意：
选择代扣个人所得税后，系统将自动生成工资项目"代扣税"。

④ 在建账第三步"扣零设置"中，不做选择，直接单击"下一步"按钮。

注意：
- 扣零处理是指每次发放工资时零头扣下，积累取整，于下次工资发放时补上，系统在计算工资时将依据扣零类型(扣零至元、扣零至角、扣零至分)进行扣零计算。
- 用户一旦选择了"扣零处理"，系统自动在固定工资项目中增加"本月扣零"和"上月扣零"两个项目，扣零的计算公式将由系统自动定义，无须设置。

⑤ 在建账第四步"人员编码"中，单击"人员编码长度"增减器的下箭头将人员编

码长度设置为3，本账套的启用日期为"2015年1月1日"，如图5-3所示。单击"完成"按钮，弹出系统提示"未建立工资类别！"，单击"确定"按钮，打开"工资管理"对话框，单击"取消"按钮。

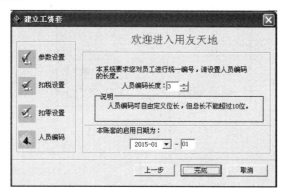

图5-3 建立工资套——人员编码

注意：
建账完毕后，部分建账参数可以在"设置"|"选项"中进行修改。

3. 基础信息设置

(1) 人员类别设置

① 选择"设置"|"人员类别设置"命令，打开"类别设置"对话框。
② 在"类别"文本框中选中"无类别"，输入"管理人员"，单击"增加"按钮。
③ 依此类推，输入其他人员类别，如图5-4所示，全部增加完毕后，单击"返回"按钮。

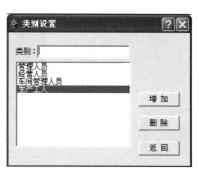

图5-4 人员类别设置

(2) 人员附加信息设置

① 选择"设置"|"人员附加信息设置"命令，打开"人员附加信息设置"对话框。
② 单击"增加"按钮，从参照列表中选择"性别"。

③ 同理，增加"身份证号"，如图 5-5 所示。

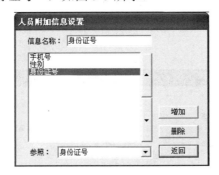

图 5-5 人员附加信息设置

(3) 工资项目设置

① 选择"设置"|"工资项目设置"命令，打开"工资项目设置"对话框。
② 单击"增加"按钮，"工资项目"列表中增加一空行。
③ 单击"名称参照"下拉列表框，从下拉列表中选择"基本工资"选项。
④ 双击"类型"栏，单击下拉列表框，从下拉列表中选择"数字"选项。
⑤ "长度"采用系统默认值"8"。双击"小数"栏，单击增减器的上三角按钮，将小数设为"2"。
⑥ 双击"增减项"栏，单击下拉列表框，从下拉列表中选择"增项"选项。
⑦ 单击"增加"按钮，增加其他工资项目，如图 5-6 所示。

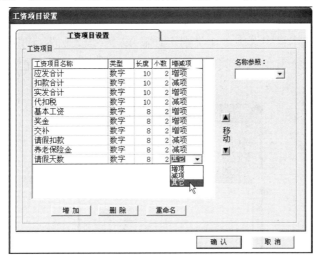

图 5-6 工资项目设置

⑧ 单击"确认"按钮，出现系统提示"工资项目已经改变，请确认各工资类别的公式是否正确"，单击"确定"按钮。

注意：

系统提供若干个常用工资项目供参考，可选择输入。对于参照中未提供的工资项目，可以双击"工资项目名称"一栏直接输入，或先从"名称参照"中选择一个项目，然后单击"重命名"按钮修改为需要的项目；也可以直接输入工资项目。

(4) 银行名称设置

① 选择"设置"|"银行名称设置"命令，打开"银行名称设置"对话框。

② 单击"增加"按钮，在"银行名称"文本框中输入"工商银行上地分理处"，默认账号定长且账号长度为"11"。

③ 单击列表中的"建设银行"，单击"删除"按钮，弹出系统提示"删除银行将相关文件及设置一并删除，是否继续？"，单击"是"按钮，同理删除其他无效银行。

④ 单击"返回"按钮。

(5) 建立工资类别

建立"正式人员"工资类别

① 选择"工资类别"|"新建工资类别"命令，打开"新建工资类别"对话框。

② 在文本框中输入第一个工资类别"正式人员"，单击"下一步"按钮。

③ 选择"企管办、财务部、采购部、销售部、生产部"，如图 5-7 所示。

图 5-7　新建工资类别

④ 单击"完成"按钮，弹出系统提示"是否以 2015-01-01 为当前工资类别的启用日期？"，单击"是"按钮返回。

⑤ 选择"工资类别"|"关闭工资类别"命令，关闭"正式人员"工资类别。

建立"临时人员"工资类别

① 选择"工资类别"|"新建工资类别"命令，打开"新建工资类别"对话框。

② 在文本框中输入第二个工资类别"临时人员"，单击"下一步"按钮。

③ 单击鼠标，选择"生产部"。

④ 单击"完成"按钮,弹出系统提示"是否以 2015-01-01 为当前工资类别的启用日期?",单击"是"按钮返回。

⑤ 选择"工资类别"|"关闭工资类别"命令,关闭"临时人员"工资类别。

(6) 权限设置

① 选择"设置"|"权限设置"命令,打开"权限设置"对话框。

② 选择操作员"秦艳",单击"修改"按钮,选择"001(正式人员)"工资类别,选中"工资类别主管"复选框,单击"保存"按钮,如图 5-8 所示。

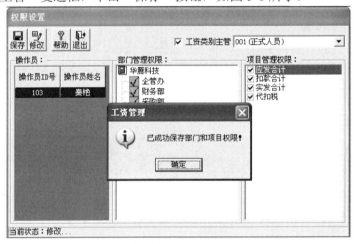

图 5-8 权限设置

③ 同理,设置秦艳为"002(临时人员)"工资类别主管。

4. "正式人员"工资类别初始设置

(1) 打开工资类别

① 选择"工资类别"|"打开工资类别"命令,打开"打开工资类别"对话框。

② 选择"001 正式人员"工资类别,单击"确认"按钮。

(2) 设置人员档案

① 选择"设置"|"人员档案"命令,进入"人员档案"窗口。

② 单击工具栏中的"增加"按钮,打开"人员档案"对话框。

③ 在"基本信息"选项卡中,输入人员编号"101";单击"人员姓名"参照按钮,从"人员参照"列表中选择"楚雄"或直接输入人员姓名;单击"部门名称"下拉列表框,从下拉列表中选择"企管办"选项;单击"人员类别"下拉列表框,从下拉列表中选择"管理人员";单击"银行名称"下拉列表框,从下拉列表中选择"工商银行上地分理处";输入银行账号"20150010001";如图 5-9 所示,单击"确认"按钮。

④ 依照上述顺序输入所有人员档案,最后单击工具栏中的"退出"按钮。

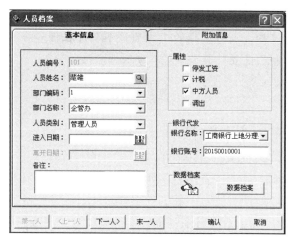

图 5-9 增加人员档案

(3) 选择工资项目

① 选择"设置"|"工资项目设置"命令,打开"工资项目设置"对话框。

② 单击打开"工资项目设置"选项卡,单击"增加"按钮,"工资项目"列表中增加一空行。

③ 单击"名称参照"下拉列表框,从下拉列表中选择"基本工资"选项,工资项目名称、类型、长度、小数倍数、增减项都自动带出,不能修改。

④ 单击"增加"按钮,增加其他工资项目。

⑤ 所有项目增加完成后,利用"工资项目设置"选项卡中的"▲"和"▼"按钮按照实验资料所给顺序调整工资项目的排列位置,如图 5-10 所示。

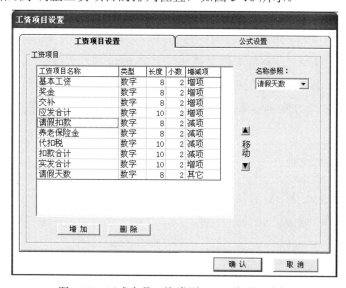

图 5-10 正式人员工资类别——工资项目选择

注意：

工资项目不能重复选择。没有选择的工资项目不允许在计算公式中出现。不能删除已输入数据的工资项目和已设置计算公式的工资项目。

(4) 设置计算公式

设置公式"请假扣款=请假天数*50"

① 在"工资项目设置"对话框中单击打开"公式设置"选项卡。

② 单击"增加"按钮，在"工资项目"列表中增加一空行，单击下拉列表框选择"请假扣款"选项。

③ 单击"公式定义"文本框，单击"工资项目"列表中的"请假天数"。

④ 单击运算符"*"，在"*"后单击，输入数字"50"，单击"公式确认"按钮。

设置公式"交补= iff(人员类别="管理人员"OR 人员类别="车间管理人员"，300，150)"

① 单击"增加"按钮，在"工资项目"列表中增加一空行，单击下拉列表框选择"交补"选项。

② 单击"公式定义"文本框，单击"函数公式向导输入"按钮，打开"函数向导——步骤之1"对话框。

③ 从"函数名"列表中选择"iff"，单击"下一步"按钮，打开"函数向导——步骤之2"对话框。

④ 单击"逻辑表达式"参照按钮，打开"参照"对话框，从"参照"下拉列表中选择"人员类别"选项，从下面的列表中选择"管理人员"，单击"确认"按钮。

⑤ 在"逻辑表达式"文本框中的公式后单击鼠标，输入"or"后，再次单击"逻辑表达式"参照按钮，出现"参照"对话框，从"参照"下拉列表中选择"人员类别"选项，从下面的列表中选择"车间管理人员"，单击"确认"按钮，返回"函数向导——步骤之2"。

注意：

在"or"前后应有空格。

⑥ 在"算术表达式1"后的文本框中输入"300"，在"算术表达式2"后的文本框中输入"150"，单击"完成"按钮，返回"公式设置"选项卡，如图5-11所示，单击"公式确认"按钮。

⑦ 单击"确认"按钮，退出公式设置。

请自行设置养老保险金计算公式。

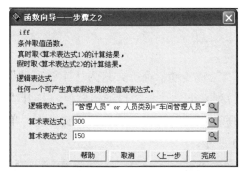

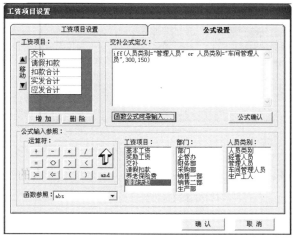

图 5-11 公式设置

(5) 查看个人所得税纳税基数设置

① 选择"业务处理"|"扣缴所得税"命令,弹出系统提示,单击"确定"按钮,打开"栏目选择"对话框。

② 默认各项设置,单击"确认"按钮。

③ 单击工具栏中的"税率表"按钮,确认所得税纳税基数为"3 500",附加费用为"1 300",如图 5-12 所示,单击"确认"按钮,弹出系统提示,单击"否"按钮退出。

图 5-12 设置所得税纳税基数

④ 在"个人所得税扣缴申报表"窗口中,单击工具栏中的"退出"按钮。

(6) 录入正式人员基本工资数据

① 选择"业务处理"|"工资变动"命令,进入"工资变动"窗口。
② 单击"过滤器"下拉列表框,选择"过滤设置",打开"项目过滤"对话框。
③ 选择"工资项目"列表中的"基本工资"和"奖金",单击">"按钮,选入"已选项目"列表中,如图 5-13 所示。

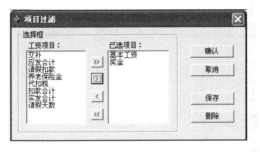

图 5-13　项目过滤

④ 单击"确认"按钮,返回"工资变动"窗口,此时每个人的工资项目只显示两项。
⑤ 输入"正式人员"工资类别的工资数据。

注意:

这里只需输入没有进行公式设定的项目,如基本工资、奖励工资和请假天数,其余各项由系统根据计算公式自动计算生成。

⑥ 单击"过滤器"下列列表框,选择"所有项目"选项,屏幕上显示所有工资项目。

5. "正式人员"工资类别日常业务

以"秦艳"的身份进行日常工资业务处理。

(1) 人员变动

① 选择"设置"|"人员档案"命令,进入"人员档案"窗口。
② 单击"增加"按钮,输入新增人员李莉的详细档案资料。
③ 单击"确认"按钮,返回"人员档案"窗口,单击工具栏中的"退出"按钮。

(2) 输入正式人员工资变动数据

① 输入考勤情况:王蒙蒙请假 2 天,曾楠请假 1 天;李莉基本工资 2 200 元。
② 单击工具栏中的"数据替换"按钮;单击"将工资项目"下拉列表框,选择"奖金"选项;在"替换成"文本框中,输入"奖金+200"。
③ 在"替换条件"处分别选择:"部门"、"="、"销售一部",如图 5-14 所示。单击"确认"按钮,弹出系统提示"数据替换后将不可恢复。是否继续?",单击"是"

按钮，系统提示"1 条记录被替换，是否重新计算？"，单击"是"按钮，系统自动完成工资计算。

图 5-14　数据替换

(3) 数据计算与汇总

① 在"工资变动"窗口中，单击工具栏中的"重新计算"按钮，计算工资数据。

② 单击工具栏中的"汇总"按钮，汇总工资数据。

③ 单击工具栏中的"退出"按钮，退出"工资变动"窗口。

(4) 查看个人所得税

① 选择"业务处理"|"扣缴所得税"命令，打开"栏目选择"对话框。

② 单击"确认"按钮，进入"个人所得税扣缴申报表"窗口，如图 5-15 所示。

图 5-15　扣缴所得税

6. "正式人员"类别工资分摊

(1) 工资分摊类型设置

① 选择"业务处理"|"工资分摊"命令,打开"工资分摊"对话框。
② 单击"工资分摊设置",打开"分摊类型设置"对话框。
③ 单击"增加"按钮,打开"分摊计提比例设置"对话框。
④ 输入计提类型名称"应付工资",单击"下一步"按钮,打开"分摊构成设置"对话框。
⑤ 按实验资料内容进行设置,如图5-16所示。返回"分摊类型设置"对话框,继续设置应付福利费分摊计提项目。

图 5-16 分摊构成设置

(2) 进行工资分摊

① 选择"业务处理"|"工资分摊"命令,打开"工资分摊"对话框。
② 选择需要分摊的计提费用类型,确定分摊计提的月份为"2015.01"。
③ 选择核算部门:企管办、财务部、采购部、销售部、生产部。
④ 选择"明细到工资项目"复选框,如图5-17所示。

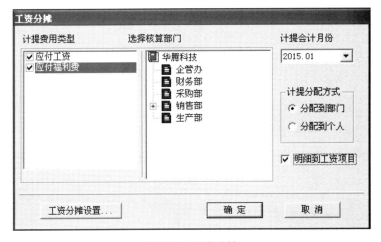

图 5-17 工资分摊

⑤ 单击"确定"按钮,打开"应付工资一览表"窗口,如图5-18所示。

图5-18 应付工资一览表

⑥ 选择"合并科目相同、辅助项相同的分录"复选框,单击"制单"按钮。

⑦ 单击凭证左上角的"字"处,选择"转账凭证",将光标移至"生产成本/人工费"分录行,补充辅助核算项目为"下厨房",单击"保存"按钮,凭证左上角出现"已生成"标志,代表该凭证已传递到总账,如图5-19所示。

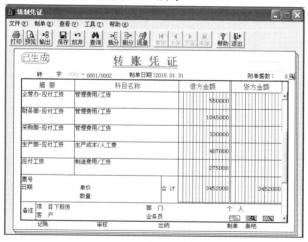

图5-19 生成工资分摊凭证

⑧ 单击工具栏中的"退出"按钮,返回。

7. 临时人员工资处理

在完成正式人员工资数据的处理后,打开临时人员工资类别,参照正式人员工资类别初始设置及数据处理方式完成临时人员工资处理。

(1) 人员档案设置

按实验资料增加人员档案。

(2) 工资项目选择

增加"基本工资"、"请假扣款"、"请假天数"三个工资项目。

(3) 公式设置

同样设置"请假扣款=请假天数*20"。

(4) 工资变动处理

① 在"业务处理"|"扣缴所得税"中设置扣税基数"3 500"。

② 按实验资料在"业务处理"|"工资变动"中进行工资变动处理。

③ 在"业务处理"|"工资分摊"中只进行应付工资分摊设置及处理。

8. 汇总工资类别

① 选择"工资类别"|"关闭工资类别"命令。

② 选择"系统工具"|"工资类别汇总"命令,打开"选择工资类别"对话框。

③ 单击选择要汇总的工资类别,单击"确认"按钮,完成工资类别汇总。

④ 选择"工资类别"|"打开工资类别"命令,打开"选择工资类别"对话框。

⑤ 选择"998 汇总工资类别",单击"确认"按钮,查看工资类别汇总后的各项数据。

注意:

- 该功能必须在关闭所有工资类别时才可用。
- 所选工资类别中必须有汇总月份的工资数据。
- 如为第一次进行工资类别汇总,需在汇总工资类别中设置工资项目计算公式。如每次汇总的工资类别一致,则公式无须重新设置。如与上一次所选择的工资类别不一致,则需重新设置计算公式。
- 汇总工资类别不能进行月末结转和年末结转。

9. 账表查询

查看工资分钱清单、个人所得税扣缴申报表、各种工资表。

10. 月末处理

① 打开"正式职工"工资类别,选择"业务处理"|"月末处理"命令,打开"月末处理"对话框。单击"确认"按钮,弹出系统提示:"月末处理之后,本月工资将不许变动,继续月末处理吗?",单击"是"按钮。系统继续提示"是否选择清零项?",单击"是"按钮,打开"选择清零项目"对话框。

② 在"请选择清零项目"列表中,单击鼠标选择"请假天数"、"请假扣款"和"奖励工资",单击">"按钮,将所选项目移动到右侧的列表框中,如图 5-20 所示。

③ 单击"确认"按钮,弹出系统提示"月末处理完毕!",单击"确定"按钮返回。

④ 依此类推,完成"临时人员"工资类别月末处理。

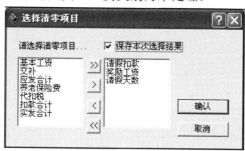

图 5-20　选择清零项目

注意:

- 月末结转只有在会计年度的 1 月至 11 月进行。
- 若为处理多个工资类别,则应打开工资类别,分别进行月末结转。
- 若本月工资数据未汇总,系统将不允许进行月末结转。
- 进行期末处理后,当月数据将不再允许变动。
- 月末处理功能只有主管人员才能执行。

第 6 章

固定资产管理

6.1 固定资产管理系统概述

6.1.1 固定资产管理功能概述

T3 可以帮助企业进行固定资产日常业务的核算和管理，生成固定资产卡片，按月反映固定资产的增加、减少、原值变化及其他变动，并输出相应的增减变动明细账，按月自动计提折旧，生成折旧分配凭证，同时输出一些与设备管理相关的报表和账簿。

6.1.2 固定资产管理系统与其他系统的主要关系

固定资产管理系统中资产的增加和减少、原值和累计折旧的调整、折旧计提都要将有关数据通过记账凭证的形式传输到总账系统，同时通过对账保持固定资产账目与总账的平衡。财务报表系统也可以通过相应的取数函数从固定资产系统中提取分析数据。

6.1.3 固定资产管理系统的业务流程

固定资产管理系统的业务流程如图 6-1 所示。

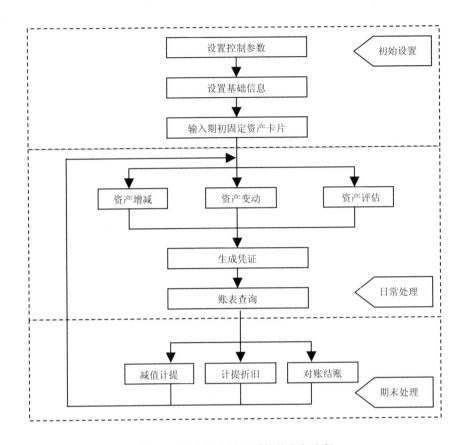

图 6-1　固定资产管理系统的业务流程

6.2　固定资产管理系统的初始化

固定资产管理系统的初始化是根据用户单位的具体情况，建立一个适合的固定资产子系统的过程。初始化设置包括建立固定资产参数设置、基础设置和输入期初固定资产卡片。

6.2.1　固定资产参数设置

在系统管理中已经建立了企业核算账套，在固定资产管理系统中还需要针对固定资产设置相应的控制参数，包括约定与说明、启用月份、折旧信息、编码方式以及财务接口等。这些参数在初次启动固定资产管理系统时设置，其他参数可以在"选项"中补充。

6.2.2 设置基础数据

1. 资产类别设置

固定资产的种类繁多、规格不一,要强化固定资产管理,及时准确做好固定资产核算,必须科学地建立固定资产的分类,为核算和统计管理提供依据。企业可根据自身的特点和管理要求,确定一个较为合理的资产分类方法。

2. 部门设置

在部门设置中,可对单位的各部门进行设置,以便确定资产的归属。在 T3 控制台的基础设置中设置的部门信息是共享的。

3. 部门对应折旧科目设置

对应折旧科目是指折旧费用的入账科目。资产计提折旧后必须把折旧归入成本或费用中,根据不同企业的具体情况,有按部门归集的,也有按类别归集的。部门对应折旧科目的设置就是给每个部门选择一个折旧科目,这样在输入卡片时,该科目自动添入卡片中,不必一个一个输入。

如果对某一上级部门设置了对应的折旧科目,下级部门继承上级部门的设置。

4. 增减方式设置

增减方式包括增加方式和减少方式两类。资产增加或减少方式用以确定资产计价和处理原则,同时明确资产的增加或减少方式可做到对固定资产增减的汇总管理心中有数。增加的方式主要有直接购买、投资者投入、捐赠、盘盈、在建工程转入、融资租入。减少的方式主要有出售、盘亏、投资转出、捐赠转出、报废、毁损、融资租出等。T3 固定资产的增减方式可以设置两级,也可以在系统默认的基础上定义。

5. 折旧方法设置

折旧方法设置是系统自动计算折旧的基础。系统提供了常用的 6 种折旧方法:不提折旧、平均年限法(一和二)、工作量法、年数总和法、双倍余额递减法,并列出了相应的折旧计算公式。这几种方法是系统默认的折旧方法,只能选用,不能删除和修改。另外可能由于各种原因,这几种方法不能满足需要,系统还提供了折旧方法的自定义功能。

6. 使用状况设置

从固定资产核算和管理的角度来看,需要明确资产的使用状况,一方面可以正确地计算和计提折旧;另一方面便于统计固定资产的使用情况,提高资产的利用效率。资产的主要使用状况有:在用、季节性停用、经营性出租、大修理停用、不需用、未使用等。

T3 固定资产系统提供了资产的基本使用状况,分为两级,也可以在此基础上修改或定义新的使用状况。

6.2.3 输入期初固定资产卡片

固定资产卡片是固定资产核算和管理的基础依据，为保持历史资料的连续性，必须将建账日期以前的数据录入到系统中。原始卡片的录入不限制必须在第一个期间结账前，任何时候都可以录入原始卡片。原始卡片上所记录的资产的开始使用日期一定小于固定资产管理系统的启用日期。

6.3 固定资产日常业务处理

固定资产在日常使用过程中，由于很多原因会发生资产增减、各项因素变动等情况，变动发生时应及时处理，每月应正确计算固定资产折旧，为企业的成本费用核算提供依据。

6.3.1 资产增减

资产增加是指购进或通过其他方式增加企业资产。资产增加需要输入一张新的固定资产卡片，与固定资产期初输入相对应。

资产减少是指资产在使用过程中，会由于各种原因，如毁损、出售、盘亏等退出企业，此时要做资产减少处理。资产减少需输入资产减少卡片并说明减少原因。

只有当账套开始计提折旧后才可以使用资产减少功能，否则减少资产只能通过删除卡片来完成。

对于误减少的资产，可以使用系统提供的纠错功能来恢复，但只有当月减少的资产才可以恢复。如果资产减少操作已制作凭证，必须删除凭证后才能恢复。

只要固定资产卡片未被删除，就可以通过卡片管理中"已减少资产"来查看减少的资产。

6.3.2 资产变动

资产的变动包括：原值变动、部门转移、使用状况变动、使用年限调整、折旧方法调整、净残值(率)调整、工作总量调整、累计折旧调整、资产类别调整、变动单管理。其他项目的修改，如名称、编号、自定义项目等的变动可直接在卡片上进行。

资产变动要求输入相应的"变动单"来记录资产调整结果。

1. 原值变动

资产在使用过程中，其原值增减有 5 种情况：根据国家规定对固定资产重新估价、增加补充设备或改良设备、将固定资产的一部分拆除、根据实际价值调整原来的暂估价值、发现原记录固定资产价值有误的。原值变动包括原值增加和原值减少两种情况。

2. 部门转移

资产在使用过程中，因内部调配而发生的部门变动应及时处理，否则将影响部门的折旧计算。

3. 资产使用状况的调整

资产使用状况分为在用、未使用、不需用、停用、封存 5 种。资产在使用过程中，可能会因为某种原因使得资产的使用状况发生变化，这种变化会影响到设备折旧的计算，因此应及时调整。

4. 资产使用年限的调整

资产在使用过程中，可能会由于资产的重估、大修等原因调整资产的使用年限。进行使用年限调整的资产在调整的当月就按调整后的使用年限计提折旧。

5. 资产折旧方法的调整

一般来说，资产折旧方法一年之内很少改变，但如有特殊情况需调整改变的可以调整。

6. 变动单管理

变动单管理可以对系统制作的变动单进行查询、修改、制单、删除等。

应当说明的是，T3 软件固定资产管理系统中，本月录入的卡片和本月增加的资产不允许进行变动处理，只能在下月进行。

6.3.3 卡片管理

卡片管理是对固定资产系统中所有卡片进行的综合管理，包括卡片修改、删除、查询和打印。

1. 卡片查询

卡片查询提供按部门查询、按类别查询和自定义查询 3 种方式。

查询卡片时既可以查询单张卡片的信息，也可以查看卡片的汇总信息。在卡片管理界面，每一张卡片显示为一个记录，可以通过"查看"下的"显示快捷信息"查看，也可以双击记录行显示卡片的详细内容。

2. 卡片修改与删除

卡片的修改与删除不是随意的，有一定的限定条件。

(1) 原始卡片的原值、使用部门、工作总量、使用状况、累计折旧、净残值(率)、折旧方法、使用年限、资产类别项目在没有制作变动单或评估单的情况下，录入当月可以修改。如果制作过变动单，只有删除变动单才能修改。在做过月末结账后，只能通过变动单或评估单调整，不能通过卡片修改功能修改。

(2) 通过资产增加功能录入的卡片，在没有制作凭证、变动单和评估单的情况下，录入当月可以修改。如果制作过变动单或凭证，只有删除变动单或凭证后才能修改。

(3) 卡片录入当月如果发现错误，可以通过"卡片删除"功能实现修改。非本月录入的卡片不能删除。

(4) 卡片在做过一次月末结账后不能删除。在删除制作过变动单、评估单或凭证的卡片时，系统会提示先删除相关的变动单、评估单或凭证。

6.3.4 资产评估

随着市场经济的发展，企业在经营活动中，根据业务需要或国家要求需要对部分资产或全部资产进行评估和重估，而其中固定资产评估是资产评估很重要的部分。

1. 资产评估的功能

T3 管理系统提供对固定资产评估作业的管理，主要包括以下几方面：
(1) 将评估机构的评估数据手工录入或定义公式录入到系统。
(2) 根据国家要求手工录入评估结果或根据定义的评估公式生成评估结果。
(3) 对评估单的管理。

T3 管理系统的资产评估功能提供可评估的资产内容包括原值、累计折旧、净值、使用年限、工作总量、净残值率。

2. 资产评估的步骤

进行资产评估包括以下 3 个步骤：
(1) 选择要评估的项目。
(2) 选择要评估的资产。
(3) 制作评估单。

6.3.5 生成凭证

固定资产系统和总账系统之间存在着数据的自动传输，这种传输是固定资产系统通过记账凭证向总账系统传递有关数据来实现的，如资产增加和减少、累计折旧调整以及折旧分配等生成的记账凭证。生成记账凭证可以采取"立即制单"或"批量制单"的方法实现。

6.3.6 账簿管理

可以通过系统提供的账表管理功能，及时掌握资产的统计、汇总和其他各方面的信息。账表包括账簿、折旧表、统计表、分析表 4 类。另外，如果所提供的报表种类不能满足需要，系统还提供了自定义报表功能，可以根据实际要求进行设置。

1. 账簿

系统自动生成的账簿有：(单个)固定资产明细账、(部门、类别)明细账、固定资产登记簿、固定资产总账。这些账簿以不同方式序时地反映了资产变化情况，在查询过程中可联查某时期(部门、类别)明细及相应原始凭证，从而获得所需财务信息。

2. 折旧表

系统提供了 4 种折旧表：(部门)折旧计提汇总表、固定资产及累计折旧表(一)(二)、固定资产折旧计算明细表。通过折旧表可以了解并掌握本企业所有资产本期、本年乃至某部门计提折旧及其明细情况。

3. 统计表

统计表是出于管理资产的需要，按管理目的统计的数据。系统提供了 7 种统计表：固定资产原值一览表、固定资产统计表、评估汇总表、评估变动表、盘盈盘亏报告表、逾龄资产统计表、役龄资产统计表。

4. 分析表

分析表主要通过对固定资产的综合分析，为管理者提供管理和决策依据。系统提供了 4 种分析表：价值结构分析表、固定资产使用状况分析表、部门构成分析表、类别构成分析表。管理者可以通过这些分析表了解本企业资产计提折旧的程度和剩余价值的大小。

5. 自定义报表

当系统提供的报表不能满足企业要求时，企业也可以自定义报表。

6.4 固定资产系统期末处理

固定资产管理系统的期末处理工作主要包括计提减值准备、计提折旧、对账和结账等内容。

6.4.1 计提减值准备

企业应当在期末或至少在每年年度终了时，对固定资产逐项进行检查。如果由于市价持续下跌或技术陈旧等原因导致其可回收金额低于账面价值的，应当将可回收金额低于账面价值的差额作为固定资产减值准备，固定资产减值准备必须按单项资产计提。

如已计提的固定资产价值又得以恢复，应在原计提的减值准备范围内转回。

6.4.2 计提折旧

自动计提折旧是固定资产系统的主要功能之一。可以根据录入系统的资料，利用系统提供的"折旧计提"功能，对各项资产每期计提一次折旧，并自动生成折旧分配表，然后制作记账凭证，将本期的折旧费用自动登账。

当开始计提折旧时，系统将自动计提所有资产当期折旧额，并将当期的折旧额自动累加到累计折旧项目中。计提工作完成后，需要进行折旧分配，形成折旧费用，系统除了自动生成折旧清单外，同时还生成折旧分配表，从而完成本期折旧费用登账工作。

系统提供的折旧清单显示了所有应计提折旧资产所计提的折旧数额。

折旧分配表是制作记账凭证，把计提折旧额分配到有关成本和费用的依据，折旧分配表有类别折旧分配表和部门折旧分配表两种类型。生成折旧分配表由"折旧汇总分配周期"决定，因此，制作记账凭证要在生成折旧分配表后进行。

计提折旧应遵循以下原则：

(1) 在一个期间内可以多次计提折旧，每次计提折旧后，只是将计提的折旧累加到月初的累计折旧上，不会重复累计。

(2) 若上次计提折旧已制单并传递到总账系统，则必须删除该凭证才能重新计提折旧。

(3) 计提折旧后又对账套进行了影响折旧计算分配的操作，必须重新计提折旧，否则系统不允许结账。

(4) 若自定义的折旧方法的月折旧率或月折旧额出现负数，系统自动中止计提。

(5) 资产的使用部门和资产折旧要汇总的部门可能不同，为了加强资产管理，使用部门必须是明细部门，而折旧分配部门不一定分配到明细部门，不同的单位处理可能不同，因此，要在计提折旧后、分配折旧费用时作出选择。

6.4.3 对账

当初次启动固定资产的参数设置或选项中的参数设置中选择了"与账务系统对账"参数，才可使用本系统的对账功能。

为保证固定资产系统的资产价值与总账系统中固定资产科目的数值相等，可随时使用对账功能对这两个系统进行审查。系统在选择月末结账时自动对账一次，并给出对账结果。

6.4.4 月末结账

当固定资产系统完成了本月全部制单业务后，可以进行月末结账，月末结账每月进行一次，结账后当期数据不能修改。如有错必须修改，可通过系统提供的"恢复月末结账前状态"功能反结账，再进行相应修改。

由于成本系统每月从固定资产管理系统中提取折旧费数据，因此一旦成本系统提取了某期的数据后,则该期固定资产管理系统不能反结账。

本期不结账,将不能处理下期的数据;结账前一定要进行数据备份,否则数据一旦丢失,将造成无法挽回的后果。

实验八　固定资产管理

【实验目的】

掌握 T3 管理软件中有关固定资产管理的相关内容,掌握固定资产系统初始化、日常业务处理、月末处理的操作。

【实验内容】

1. 固定资产系统参数设置、原始卡片录入。
2. 日常业务：资产增减、资产变动、资产评估、生成凭证、账表查询。
3. 月末处理：计提减值准备、计提折旧、对账和结账。

【实验准备】

引入"实验三"账套数据。

【实验要求】

以"秦艳"的身份进行固定资产管理。

【实验资料】

1. 初始设置

(1) 控制参数(见表 6-1)

表 6-1　控制参数设置

控 制 参 数	参 数 设 置
约定与说明	我同意
启用月份	2015.01
折旧信息	● 本账套计提折旧 ● 折旧方法：平均年限法 ● 折旧汇总分配周期：1 个月 ● 当(月初已计提月份=可使用月份-1)时,将剩余折旧全部提足
编码方式	资产类别编码方式：2 1 1 2； 固定资产编码方式：按"类别编码+部门编码+序号"自动编码；卡片序号长度为 3

(续表)

控制参数	参数设置
财务接口	与账务系统进行对账； 对账科目： ● 固定资产对账科目：1601 固定资产 ● 累计折旧对账科目：1602 累计折旧
补充参数	● 业务发生后立即制单 ● 月末结账前一定要完成制单登账业务 ● 固定资产缺省入账科目：1601，累计折旧缺省入账科目：1602 ● 可抵扣税额入账科目：22210101

(2) 资产类别(见表 6-2)

表 6-2 资产类别设置

编码	类别名称	净残值率	单位	计提属性
01	交通运输设备	4%		正常计提
011	经营用设备	4%		正常计提
012	非经营用设备	4%		正常计提
02	电子设备及其他通信设备	4%		正常计提
021	经营用设备	4%	台	正常计提
022	非经营用设备	4%	台	正常计提

(3) 部门及对应折旧科目(见表 6-3)

表 6-3 部门及对应折旧科目设置

部门	对应折旧科目
企管办、财务部、采购部	660205 管理费用/折旧费
销售部	660105 销售费用/折旧费
生产部	510102 制造费用/折旧费

(4) 增减方式的对应入账科目(见表 6-4)

表 6-4 资产增减方式及相应的入账科目

增减方式目录	对应入账科目
增加方式	
直接购入	100201，工行存款
减少方式	
毁损	1606，固定资产清理

(5) 原始卡片(见表6-5)

表6-5 固定资产原始卡片

固定资产名称	类别编号	所在部门	增加方式	可使用年限	开始使用日期	原值	累计折旧	对应折旧科目名称
轿车	012	企管办	直接购入	6	2013.11.1	215 470	37 254.75	管理费用/折旧费
笔记本电脑	022	企管办	直接购入	5	2013.12.1	28 900	5 548.80	管理费用/折旧费
传真机	022	企管办	直接购入	5	2013.11.1	3 510	1 825.20	管理费用/折旧费
微机	021	生产部	直接购入	5	2013.12.1	6 490	1 246.08	制造费用/折旧费
微机	021	生产部	直接购入	5	2013.12.1	6 490	1 246.08	制造费用/折旧费
合计						260 860	47 120.91	

注：净残值率均为4%，使用状况均为"在用"，折旧方法均采用"平均年限法(一)"。

2. 日常及期末业务

(1) 2015年1月21日，财务部购买扫描仪一台，价值1 500元，净残值率4%，预计使用年限5年。

(2) 1月23日，对轿车进行资产评估，评估结果为原值"200 000"，累计折旧"45 000"。

(3) 1月31日，计提本月折旧费用。

(4) 1月31日，生产部毁损微机一台。

3. 下月业务

(1) 2月16日，总经理办公室的轿车添置新配件10 000元。(转账支票号ZZR005)

(2) 2月27日，总经理办公室的传真机转移到采购部。

(3) 2月28日，经核查对2013年购入的笔记本电脑计提1 000元的减值准备。

【操作指导】

1. 启用固定资产管理系统

① 选择"开始"|"程序"|"T3系列管理软件"|"T3"|"系统管理"命令，以账套主管身份登录系统管理。

② 选择"账套"|"启用"命令，打开"系统启用"对话框，选择"FA固定资产管理"复选框，弹出"日历"对话框；选择固定资产系统启用日期为"2015年1月1日"，单击"确定"按钮，系统弹出"确实要启用当前系统吗？"信息提示框，单击"是"按钮返回。

③ 设置"秦艳"的固定资产管理权限。

2. 固定资产系统初始化

(1) 初始化设置

① 以丁力的身份注册并进入 T3 主界面。

② 单击"固定资产",弹出"这是第一次打开此账套,还未进行过初始化,是否进行初始化?"信息提示框,单击"是"按钮,打开"固定资产初始化向导"对话框。

③ 在"固定资产初始化向导——约定与说明"对话框中,仔细阅读相关条款,选择"我同意"单选按钮。

④ 单击"下一步"按钮,打开"固定资产初始化向导——启用月份"对话框,选择账套启用月份"2015.01"。

⑤ 单击"下一步"按钮,打开"固定资产初始化向导——折旧信息"对话框。选中"本账套计提折旧"复选框;选择折旧方法"平均年限法(一)",折旧分配周期"1 个月";选中"当月初已计提月份=可使用月份-1)时将剩余折旧全部提足"复选框,如图 6-2 所示。

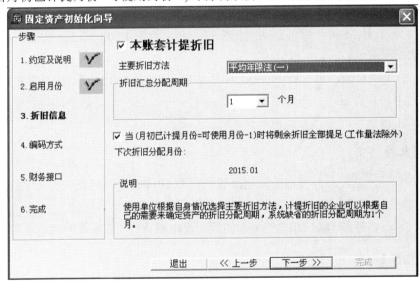

图 6-2 固定资产初始化——折旧信息

提示:

- 如果是行政事业单位,不选"本账套计提折旧",则账套内所有与折旧有关的功能屏蔽,该选项在初始化设置完成后不能修改。
- 本处选择的折旧方法可以在设置资产类别或定义具体固定资产时进行更改设置。
- 输入固定资产名称时请勿选用紫光拼音输入法。

⑥ 单击"下一步"按钮,打开"固定资产初始化向导——编码方式"对话框。确定资产类别编码长度为"2112",选择"自动编号"单选按钮,选择固定资产编码方式"类别编号+部门编号+序号",选择序号长度"3",如图 6-3 所示。

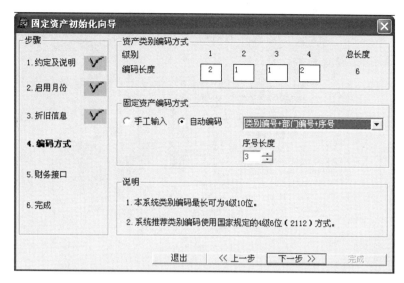

图 6-3　固定资产初始化——编码方式

⑦ 单击"下一步"按钮,打开"固定资产初始化向导——财务接口"对话框。选中"与账务系统进行对账"复选框;选择固定资产的对账科目"1601 固定资产",累计折旧的对账科目"1602 累计折旧"。

⑧ 单击"下一步"按钮,打开"固定资产初始化向导——完成"对话框。单击"完成"按钮,完成本账套的初始化,弹出"是否确定所设置的信息完全正确并保存对新账套的所有设置"提示框。

⑨ 单击"是"按钮,弹出"已成功初始化本固定资产账套"提示框,单击"确定"按钮。

注意:
- 初始化设置完成后,有些参数不能修改,所以要慎重。
- 如果发现参数有错,必须改正,只能通过固定资产系统中的"维护"|"重新初始化账套"命令实现,该操作将清空用户对该子账套所做的一切工作。

(2) 补充参数设置

① 选择"设置"|"选项"命令,进入"选项"窗口。

② 选择"与账务系统接口"选项卡。选中"业务发生后立即制单"、"月末结账前一定要完成制单登账业务"复选框,选择缺省入账科目为"1601 固定资产"、"1602 累计折旧",如图 6-4 所示,单击"确定"按钮。

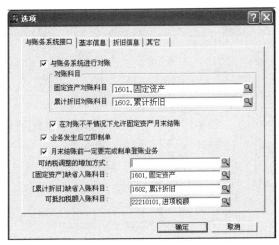

图 6-4　选项设置

3. 设置基础数据

(1) 设置资产类别

① 选择"设置"|"资产类别"命令,进入"类别编码表"窗口。

② 单击"增加"按钮,输入类别名称"交通运输设备",净残值率"4%";选择计提属性"正常计提",折旧方法"平均年限法(一)",卡片样式"通用样式",单击"保存"按钮。

③ 同理,完成其他资产类别的设置。

注意:
- 资产类别编码不能重复,同一级的类别名称不能相同。
- 类别编码、名称、计提属性、卡片样式不能为空。
- 已使用过的类别不能设置新的下级。

(2) 设置部门对应折旧科目

① 选择"设置"|"部门对应折旧科目设置"命令,进入"部门编码表"窗口。

② 选择部门"企管办",单击"操作"按钮。

③ 选择折旧科目"660205 管理费用/折旧费",单击"保存"按钮。

④ 同理,完成其他部门折旧科目的设置。

注意:
如果销售一部和销售二部对应的折旧科目相同,可以将折旧科目设置在销售部,保存后,单击"刷新"按钮,其下属部门自动继承。

(3) 设置增减方式的对应科目

① 选择"设置"|"增减方式"命令,进入"增减方式"窗口。

② 在左边列表框中,单击增加方式"直接购入",单击"操作"按钮。
③ 输入对应入账科目"100201 人民币户",单击"保存"按钮。
④ 同理,输入减少方式"损毁"的对应入账科目为"1606 固定资产清理"。

注意:
当固定资产发生增减变动时,系统生成凭证时会默认采用这些科目。

4. 原始卡片录入

① 选择"卡片"|"录入原始卡片"命令,进入"资产类别参照"窗口。
② 选择固定资产类别"012 非经营用设备",单击"确认"按钮,进入"固定资产卡片录入"窗口。
③ 输入固定资产名称"轿车";双击部门名称选择"企管办",双击增加方式选择"直接购入",双击使用状况选择"在用";输入开始使用日期"2013-11-01";输入原值"215470",累计折旧"37254.75";输入可使用年限"6年";其他信息自动算出,如图6-5所示。

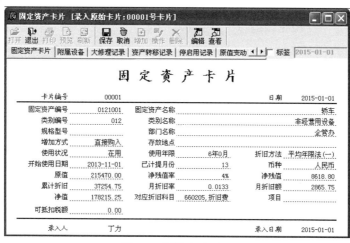

图 6-5　原始卡片录入

④ 单击"保存"按钮,弹出"数据成功保存!"信息提示框,单击"确定"按钮。
⑤ 同理,完成其他固定资产卡片的输入。

注意:
- 卡片编号:系统根据初始化时定义的编码方案自动设定,不能修改,如果删除一张卡片,又不是最后一张卡片时,系统将保留空号。
- 已计提月份:系统将根据开始使用日期自动算出,但可以修改,请将使用期间停用等不计提折旧的月份扣除。
- 月折旧率、月折旧额:与计算折旧有关的项目录入后,系统会按照输入的内容自动算出并显示在相应项目内,可与手工计算的值比较,核对是否有错误。

固定资产卡片期初录入完成后，如何才能知道数据是否正确呢？可以选择"处理"|"对账"命令，系统弹出"与账务对账"对话框，显示与账务系统对账结果，如图6-6所示。

图6-6 与账务对账

5. 日常及期末处理

(1) 资产增加(业务1)

① 选择"卡片"|"资产增加"命令，进入"资产类别参照"窗口。

② 选择资产类别为"022 非经营用设备"，单击"确认"按钮，进入"固定资产卡片新增"窗口。

③ 输入固定资产名称"扫描仪"；双击使用部门选择"财务部"，双击增加方式选择"直接购入"，双击使用状况选择"在用"；输入原值"1500"，可使用年限"5年"，开始使用日期"2015-01-21"。

④ 单击"保存"按钮，进入"填制凭证"窗口。

⑤ 选择凭证类型"付款凭证"，修改制单日期、附件数，单击"保存"按钮，生成凭证如图6-7所示。

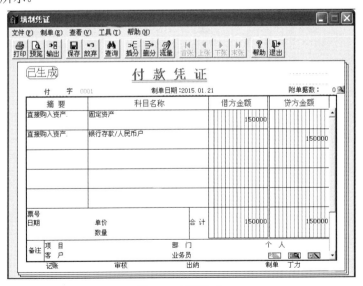

图6-7 新增资产

注意：
- 固定资产原值一定要输入卡片录入月初的价值，否则会出现计算错误。
- 新卡片第一个月不提折旧，累计折旧为空或0。
- 卡片输入完后，也可以不立即制单，月末可以批量制单。

(2) 资产评估(业务2)

① 选择"卡片"|"资产评估"命令，进入"资产评估"窗口。
② 单击"增加"按钮，打开"资产评估选择"对话框。
③ 选择要评估的项目"原值"和"累计折旧"，如图6-8所示，单击"确定"按钮。

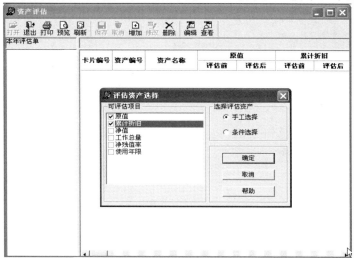

图6-8 评估资产选择

④ 在"资产评估"窗口中选择要评估资产"轿车"的卡片编号，输入评估后的数据，如图6-9所示。
⑤ 单击"保存"按钮。系统弹出"是否确认要进行资产评估？"，单击"是"按钮，弹出"填制凭证"窗口。

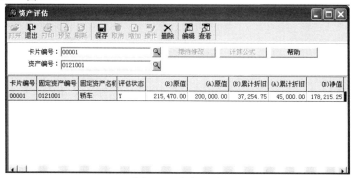

图6-9 资产评估

⑥ 在"填制凭证"窗口中，选择凭证类型为"转账凭证"，空白科目选择"660206

管理费用/其他"。

⑦ 单击"保存"按钮。

注意：
- 评估后的数据输入在"(A)原值"和"(A)累计折旧"中。
- "660206 管理费用/其他"为新设科目，可在会计科目参照界面中单击"编辑"按钮进入会计科目界面增加。

(3) 折旧处理(业务 3)

① 选择"处理"|"计提本月折旧"命令，弹出"本操作将计提本月折旧，并花费一定时间，是否要继续？"信息提示框，单击"是"按钮，弹出"是否要查看折旧清单？"提示框，单击"否"按钮。

② 系统计提完折旧后进入"折旧分配表"窗口，如图 6-10 所示。

图 6-10 折旧分配表

③ 单击"凭证"按钮，进入"填制凭证"窗口，选择"转账凭证"，单击"保存"按钮，计提折旧凭证如图 6-11 所示。

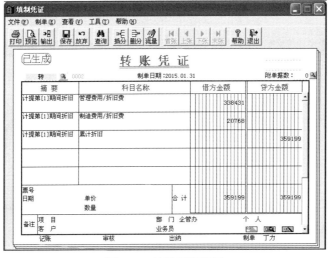

图 6-11 计提折旧凭证

注意:

- 如果上次计提折旧已通过记账凭证把数据传递到账务系统,则必须删除该凭证才能重新计提折旧。
- 计提折旧后又对账套进行了影响折旧计算或分配的操作,必须重新计提折旧,否则系统不允许结账。

(4) 资产减少(业务 4)

① 选择"卡片"|"资产减少"命令,进入"资产减少"窗口。
② 选择卡片编号"00004",单击"增加"按钮。
③ 选择减少方式为"毁损",如图 6-12 所示。

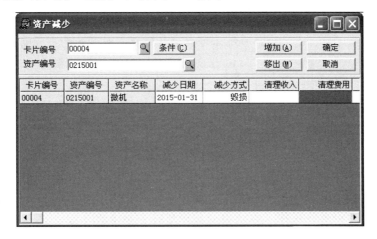

图 6-12 资产减少

④ 单击"确定"按钮,进入"填制凭证"窗口。选择"转账凭证",修改其他项目,单击"保存"按钮。

注意:

- 本账套需要进行计提折旧后,才能减少资产。
- 如果要减少的资产较少或没有共同点,则通过输入资产编号或卡片号,单击"增加"按钮,将资产添加到资产减少表中。
- 如果要减少的资产较多并且有共同点,则通过单击"条件"按钮,输入一些查询条件,将符合该条件的资产挑选出来进行批量减少操作。

账表管理

① 选择"账表"|"我的账表"命令,进入"报表"窗口。
② 单击"折旧表",选择"(部门)折旧计提汇总表"。
③ 单击"打开"按钮,打开"条件"对话框。

④ 选择期间"2015.01",汇总部门"1—2",单击"确定"按钮。

对账

固定资产系统生成的凭证自动传递到总账系统,在总账系统中,由王蒙蒙对出纳凭证进行签字,秦艳对传递过来的凭证进行审核和记账。

注意:
只有总账系统记账完毕,固定资产管理系统期末才能和总账进行对账工作。

① 在固定资产系统中选择"处理"|"对账"命令,弹出"与财务对账结果"提示框。
② 单击"确定"按钮。

注意:
- 当总账记账完毕,固定资产系统才可以进行对账。对账平衡,开始月末结账。
- 如果在初始设置时,选择了"与账务系统对账"功能,对账的操作不限制选择时间,任何时候都可以进行对账。
- 若在财务接口中选中"在对账不平情况下允许固定资产月末结账",则可以直接进行月末结账。

结账

① 选择"处理"|"月末结账"命令,打开"月末结账"对话框。
② 单击"开始结账"按钮,系统自动检查与账务系统的对账结果,单击"确定"按钮后,弹出"月末结账成功完成!"提示框。
③ 单击"确定"按钮。

注意:
- 本会计期间做完月末结账工作后,所有数据资料将不能再进行修改。
- 本会计期间不做完月末结账工作,系统将不允许处理下一个会计期间的数据。
- 月末结账前一定要进行数据备份,否则数据一旦丢失,将造成无法挽回的后果。

反结账

① 选择"处理"|"恢复月末结账前状态"命令,弹出"是否继续?"提示框。
② 单击"是"按钮,弹出"成功恢复月末结账前状态!"提示框。
③ 单击"确定"按钮。

注意:
- 假如在结账后发现结账前的操作有误,必须修改结账前的数据的话,则可以使用"恢复结账前状态"功能,又称"反结账",即将数据恢复到月末结账前状态,结账时所做的所有工作都被无痕迹删除。
- 在总账系统未进行月末结账时才可以使用"恢复结账前状态"功能。

- 一旦成本系统提取了某期的数据，该期不能反结账。如果当前的账套已经做了年末处理，那么就不允许再选择恢复月初状态功能。

(5) 原值增加(业务 5)

① 选择"卡片"|"变动单"|"原值增加"命令，进入"固定资产变动单"窗口。

② 选择输入卡片编号"00001"，输入增加金额"10 000"，输入变动原因"增加配件"，如图 6-13 所示。

图 6-13　固定资产变动单

③ 单击"保存"按钮，进入"填制凭证"窗口。

④ 选择凭证类型为"付款凭证"，填写修改其他项目，单击"保存"按钮。

注意：
- 资产变动主要包括原值变动、部门转移、使用状况变动、使用年限调整、折旧方法调整、净残值(率)调整、工作总量调整、累计折旧调整、资产类别调整等。系统对已做出变动的资产，要求输入相应的变动单来记录资产调整结果。
- 变动单不能修改，只有当月可删除重做，所以请仔细检查后再保存。
- 必须保证变动后的净值大于变动后的净残值。

(6) 资产部门转移(业务 6)

① 选择"卡片"|"变动单"|"部门转移"命令，进入"固定资产变动单"窗口。

② 输入卡片编号"00003"；双击"变动后部门"选择"采购部"；输入变动原因"调拨"。

③ 单击"保存"按钮。

(7) 计提减值准备(业务 7)

① 选择"卡片"|"变动单"|"计提减值准备"命令，进入"固定资产变动单"窗口。

② 输入卡片编号"00002",输入减值准备金额"1 000",变动原因"减值"。
③ 单击"保存"按钮,进入"填制凭证"窗口。
④ 选择凭证类型为"转账凭证",填写修改其他项目,单击"保存"按钮。

第 7 章

购销存初始设置

7.1 购销存系统概述

7.1.1 购销存系统应用方案

购销存系统包括采购、销售、库存、核算 4 个模块。

采购模块主要功能： 输入采购发票与其相对应的采购入库单，实现采购报账(结算)工作；输入付款单，实现采购付款业务。采购模块相关的操作人员为采购核算员、库房管理员。

销售模块主要功能： 输入销货发票和发货单，实现库存商品的对外销售业务；输入收款单，实现销售收款业务。相关的操作人员为销售核算员、库房管理员。

库存模块功能： 根据采购和销售的情况进行出入库业务的管理工作，以及其他出入库业务的管理工作。相关操作人员为库房管理员。

核算模块功能： 对各种出入库业务进行入库成本及出库成本的核算，对各种收付款业务生成一系列的相关凭证，并传递到总账中。相关操作人员为财务人员、材料会计。

7.1.2 购销存系统业务处理流程

在企业的日常工作中，采购供应部门、仓库、销售部门、财务部门等都涉及购销存业务及其核算的处理，各个部门的管理内容是不同的，工作间的延续性是通过单据在不同部门间的传递来完成，那么这些工作在软件中是如何体现的？计算机环境下的业务处理流程与手工环境下的业务处理流程肯定存在差异，如果缺乏对购销存系统业务流程的了解，那么就无法实现部门间的协调配合，就会影响系统的效率。

购销存业务流程图如图 7-1 所示。

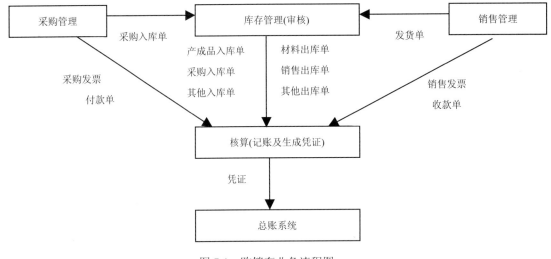

图 7-1　购销存业务流程图

7.2　购销存系统初始化

购销存系统初始化包括购销存系统业务参数设置、基础档案信息设置及期初数据录入几项工作。

7.2.1　购销存系统业务参数设置

购销存系统各个模块间的关系密切，各模块在使用前需进行相应的参数设置。本节就对购销存系统采购、销售、库存、核算 4 个模块中涉及的主要参数进行介绍。

7.2.2　设置基础档案

在前面几章设计的实验中，都有基础信息的设置，但基本限于与财务相关的信息。除此以外，购销存系统还需要增设与业务处理、查询统计、财务连接相关的基础信息。

1. 基础档案信息

使用购销存系统之前，应做好手工基础数据的准备工作，如对存货合理分类、准备存货的详细档案、进行库存数据的整理及与账面数据的核对等。购销存系统需要增设的基础档案信息包括存货分类、存货档案、仓库档案、采购类型、销售类型、收发类别等。

(1) 存货分类

伴随采购业务经常有采购费用的发生，如果需要将该费用计入采购成本，则在系统中需要将劳务费用也视为一种存货，为了与企业正常存货分开管理、统计，通常将其单独列为一类，如本例中的"应税劳务"。

(2) 存货档案

在"存货档案"窗口中包括4个选项卡：基本、成本、控制和其他。

在"基本"选项卡中，有6个复选框，用于设置存货属性。

销售：用于发货单、销售发票、销售出库单等与销售有关的单据参照使用，表示该存货可用于销售。

外购：用于购货所填制的采购入库单、采购发票等与采购有关的单据参照使用，在采购发票、运费发票上一起开具的采购费用，也应设置为外购属性。

生产耗用：存货可在生产过程中被领用、消耗。生产产品耗用的原材料、辅助材料等在开具材料出库单时参照。

自制：由企业生产自制的存货，如产成品、半成品等，主要用在开具产成品入库单时参照。

在制：指尚在制造加工中的存货。

劳务费用：指在采购发票上开具的运输费、包装费等采购费用及开具在销售发票或发货单上的应税劳务、非应税劳务等。

在"控制"选项卡中，有2个复选框。

是否批次管理：对存货是否按批次进行出入库管理。该项必须在库存系统账套参数中选中"有批次管理"后，方可设定。

是否保质期管理：有保质期管理的存货必须有批次管理。因此，该项也必须在库存系统账套参数中选中"有批次管理"后，方可设定。

(3) 仓库档案

存货一般是存放在仓库中保管的。对存货进行核算管理，就必须建立仓库档案。

(4) 收发类别

收发类别用来表示存货的出入库类型，便于对存货的出入库情况进行分类汇总统计。

(5) 采购类型/销售类型

定义采购类型和销售类型，能够按采购、销售类型对采购、销售业务数据进行统计和分析。采购类型和销售类型均不分级次，根据实际需要设立。

(6) 产品结构

产品结构用来定义产品的组成，包括组成成分和数量关系，以便用于配比出库、组装拆卸、消耗定额、产品材料成本等引用。产品结构中引用的物料必须首先在存货档案中定义。

(7) 费用项目

销售过程中有很多不同的费用发生，如代垫费用、销售支出等，在系统中将其设为费用项目，以方便记录和统计。

2. 设置客户往来/供应商往来业务科目

如果企业应收/应付业务类型较固定，生成的凭证类型也较固定，则为了简化凭证生成操作，可在此处将各业务类型凭证中的常用科目预先设置好。包括基本科目设置、控制科目设置、产品科目设置、结算方式科目设置。

3. 设置存货业务科目

核算系统是购销存系统与财务系统联系的桥梁，各种存货的购进、销售及其他出入库业务，均在核算系统中生成凭证，并传递到总账。为了快速、准确地完成制单操作，应事先设置凭证中的相关科目。

(1) 设置存货科目

存货科目是设置生成凭证所需要的各种存货科目和差异科目。存货科目既可以按仓库也可以按存货分类分别进行设置。

(2) 设置对方科目

对方科目是设置生成凭证所需要的存货对方科目，可以按收发类别设置。

7.2.3 客户往来和供应商往来期初数据

客户往来期初数据和供应商往来期初数据需分别在销售模块和采购模块中输入。

7.2.4 购销存系统期初数据

在购销存业务系统中，期初数据录入是一个非常关键的环节，期初数据的录入内容及顺序如表 7-1 所示。

表 7-1 购销存系统期初数据

系统名称	操作	内容	说明
采购	录入	暂估入库期初余额 在途存货期初余额	暂估入库是指货到票未到 在途存货是指票到货未到
采购	记账	采购期初数据	没有期初数据也要选择期初记账，否则不能开始日常业务
库存、核算	录入并记账	存货期初余额及差异	库存和存货共用期初数据

实验九　购销存系统初始设置

【实验目的】

掌握 T3 管理软件中购销存系统初始设置的相关内容,理解购销存系统业务处理流程,掌握购销存系统基础信息设置、期初余额录入的操作方法。

【实验准备】

引入"实验三"账套数据。

【实验内容】

1. 启用购销存模块、核算模块。
2. 设置基础信息。
3. 设置基础科目。
4. 输入期初数据。

【实验要求】

以"丁力"的身份进行购销存系统初始设置。

【实验资料】

1. 基础信息

(1) 存货分类(见表 7-2)

表 7-2　存　货　分　类

存货类别编码	存货类别名称
01	原材料
0101	光盘类
0102	复印纸类
02	产成品
0201	电子产品类
0202	多媒体课件类
0203	普及读物类
03	其他

(2) 存货档案(见表7-3)

表7-3 存货档案

存货编码	存货名称	计量单位	所属分类	税率	存货属性	参考成本	启用日期
1001	光盘	张	0101	17	外购、生产耗用	2	2015-01-01
1002	复印纸	包	0102	17	外购、生产耗用	15	2015-01-01
2001	电子教室	套	0201	17	外购、销售	150	2015-01-01
2002	下厨房	套	0202	17	外购、自制、销售	80	2015-01-01
2003	养生智慧	册	0203	17	外购、自制、销售	38	2015-01-01
3001	运输费	公里	03	7	外购、销售、劳务费用		2015-01-01

(3) 仓库档案(见表7-4)

表7-4 仓库档案

仓库编码	仓库名称	所属部门	负责人	计价方式
1	材料库	采购部	曾楠	移动平均法
2	产品一库	销售一部	侯勇	移动平均法
3	产品二库	销售二部	张茜	移动平均法

(4) 收发类别

默认系统预置的收发类别。

(5) 采购类型(见表7-5)

表7-5 采购类型

采购类型编码	采购类型名称	入库类别	是否默认值
1	材料采购	采购入库	是
2	库存商品采购	采购入库	否

(6) 销售类型(见表7-6)

表7-6 销售类型

销售类型编码	销售类型名称	出库类别	是否默认值
1	批发	销售出库	是
2	零售	销售出库	否

2. 基础科目

(1) 存货科目(见表 7-7)

表 7-7 存货科目表

仓库编码	仓库名称	存货分类	存货科目
1	材料库	0101	光盘(140301)
1	材料库	0102	复印纸(140302)
2	产品一库		库存商品(1405)
3	产品二库		库存商品(1405)

(2) 存货对方科目(见表 7-8)

表 7-8 存货对方科目表

收发类别	对方科目
采购入库	材料采购(1401)
产成品入库	生产成本/材料费(500101)
销售出库	主营业务成本 (6401)
材料领用出库	生产成本/材料费(500101)

(3) 客户往来科目

基本科目设置：应收科目为 1122，预收科目为 2203，销售收入科目 6001，应交增值税科目 22210105。

结算方式科目设置：现金结算对应 1001，现金支票对应 100201，转账支票对应 100201。

(4) 供应商往来科目

基本科目设置：应付科目为 2202，预付科目为 1123，采购科目 1401，采购税金科目 22210101。

结算方式科目设置：现金结算对应 1001，现金支票对应 100201，转账支票对应 100201。

3. 期初数据

(1) 采购模块期初数据

2014 年 12 月 24 日，采购部收到新华印刷厂提供的复印纸 100 包，暂估价为 15 元，商品已验收入材料库，至今尚未收到发票。

2014 年 12 月 28 日，采购部收到众诚公司开具的专用发票一张，发票号为 A00116，商品为《下厨房》，数量 150 套，每套售价 80 元，由于天气变化影响运输，该货物尚在运输途中。

(2) 库存和存货系统期初数据

12月31日，对各个仓库进行了盘点，结果见表7-9所示。

表7-9 各仓库盘点结果

仓库名称	存货编码	存货名称	数量	单价
材料库	1001	光盘	2200	2
材料库	1002	复印纸	460	15
产品一库	2001	电子教室	71	150
产品一库	2002	下厨房	98	80
产品二库	2003	养生智慧	226	38

(3) 客户往来期初数据

应收账款科目的期初余额为157 600元，以销售普通发票形式输入，具体信息见表7-10所示。

表7-10 客户往来期初数据

日期	发票号	客户	业务员	科目	货物代码	数量	单价
2014-10-25	B000123	北华管理软件学院	侯勇	1122	2002	996	100
2014-11-10	B000456	北京图书大厦	张茜	1122	2003	1450	40

(4) 供应商往来期初数据

应付账款科目的期初余额为276 850元，以采购普通发票输入，具体信息见表7-11所示。

表7-11 供应商往来期初数据

日期	发票号	供应商	业务员	科目	货物代码	数量	单价
2014-10-25	A000200	众城	曾楠	2202	2001	1582	175

【操作指导】

1. 启用购销存模块、核算模块

① 启动系统管理，并以账套主管"丁力"的身份注册系统管理。

② 选择"账套"|"启用"命令，弹出"系统启用"对话框。

③ 选中"GX-购销存管理"复选框，弹出"日历"对话框。

④ 选择日期"2015年1月1日"，单击"确定"按钮，再单击"是"按钮。

⑤ 同理，启用"IA-核算"子系统。

2. 设置基础信息

(1) 存货分类

选择"基础设置"|"存货"|"存货分类"命令，按资料输入存货分类信息。

(2) 存货档案

选择"基础设置"|"存货"|"存货档案"命令，按资料输入存货档案信息，如图 7-2 所示。

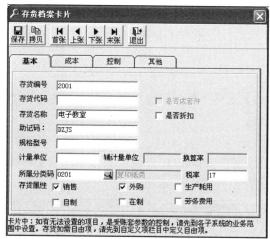

图 7-2　存货档案

(3) 仓库档案

选择"基础设置"|"购销存"|"仓库档案"命令，按资料输入仓库档案信息。

(4) 收发类别

选择"基础设置"|"购销存"|"收发类别"命令，按资料输入收发类别信息。

(5) 采购类型

选择"基础设置"|"购销存"|"采购类型"命令，按资料输入采购类型信息。

(6) 销售类型

选择"基础设置"|"购销存"|"销售类型"命令，按资料输入销售类型信息。

3. 设置基础科目

(1) 存货科目

选择"核算"|"科目设置"|"存货科目"命令，按资料输入存货对应科目信息，如图 7-3 所示。单击"保存"按钮。

图 7-3 设置存货科目

(2) 存货对方科目

选择"核算"|"科目设置"|"存货对方科目"命令,按资料输入存货对方科目信息。

(3) 客户往来科目

选择"核算"|"科目设置"|"客户往来科目"命令,按资料输入客户往来科目信息,如图 7-4 所示。

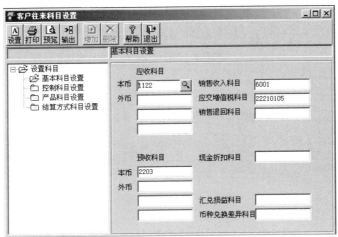

图 7-4 客户往来科目设置

(4) 供应商往来科目

选择"核算"|"科目设置"|"供应商往来科目"命令,按资料输入供应商往来科目信息。

4. 输入采购模块期初数据

采购管理系统有可能存在两类期初数据:一类是货到票未到业务,即暂估入库业务,对于这类业务应调用期初采购入库单录入;另一类是票到货未到业务,即在途业务,对于这类业务应调用期初采购发票功能录入。

(1) 货到票未到业务的处理

① 选择"采购"|"采购入库单"命令，进入"期初采购入库单"窗口。

② 单击"增加"按钮，输入入库日期"2014-12-24"，选择仓库"材料库"，供货单位"新华印刷厂"，部门"采购部"，入库类别"采购入库"，采购类型"材料采购"。

③ 选择存货编码"1002"，输入数量"100"，暂估单价"15"，如图7-5所示，单击"保存"按钮。

图 7-5 录入期初采购入库单

④ 完成后单击"退出"按钮。

(2) 票到货未到业务的处理

① 选择"采购"|"采购发票"命令，打开"采购发票"窗口。

② 单击"增加"按钮右侧下箭头，选择"专用发票"。

③ 输入发票号"A00116"，开票日期"2014-12-28"，选择部门"采购部"，供货单位"众诚"，采购类型"库存商品采购"。

④ 选择存货编码"2002"，输入数量"150"，单价"80"，如图7-6所示，单击"保存"按钮，完成后单击"退出"按钮。

图 7-6　录入期初采购发票

(3) 采购管理系统期初记账

① 选择"采购"|"期初记账"命令，弹出"期初记账"提示框。
② 单击"记账"按钮，稍候片刻，系统提示"期初记账完毕"。
③ 单击"确定"按钮返回。

注意：
- 采购管理系统如果不选择期初记账，无法开始日常业务处理，因此，如果没有期初数据，也要选择期初记账。
- 采购管理系统如果不选择期初记账，库存管理系统和存货核算系统不能记账。
- 采购管理系统若要取消期初记账，选择"采购"|"期初记账"命令，单击其中的"取消记账"按钮即可。

5. 输入库存/存货期初数据

各个仓库存货的期初余额既可以在库存模块中录入，也可以在核算模块中录入。只要在其中一个模块中录入，另一模块自动获得期初库存数据。这里在核算模块中录入。

① 选择"核算"|"期初数据"|"期初余额"命令，进入"期初余额"窗口。
② 先选择仓库，然后再单击"增加"按钮，根据实验资料输入库存期初数据，如图 7-7 所示。
③ 单击"记账"按钮，系统对所有仓库进行记账，稍候，系统提示"期初记账成功！"。

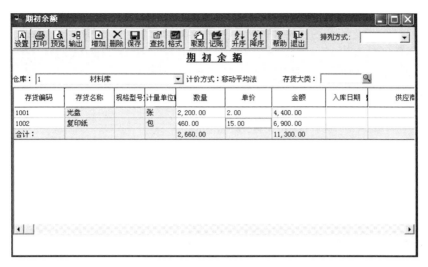

图 7-7 录入库存/存货期初数据

6. 输入客户往来期初数据

① 选择"销售"|"客户往来"|"客户往来期初"命令，打开"期初余额—查询"对话框，单击"确认"按钮，进入"期初余额明细表"窗口。

② 单击工具栏上的"增加"按钮，打开"单据类别"对话框，单据类型选择"普通发票"，单击"确认"按钮，进入"销售普通发票"窗口。

③ 按实验资料要求输入应收期初数据，如图 7-8 所示。

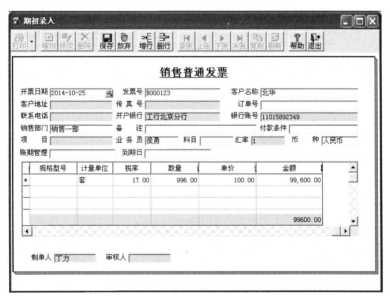

图 7-8 录入应收期初数据

④ 在"期初余额明细表"窗口中，单击"对账"按钮，与总账系统进行对账，如图 7-9 所示。

科目		应收期初		总账期初		差额	
编号	名称	原币	本币	原币	本币	原币	本币
1121	应收票据	0.00	0.00	0.00	0.00	0.00	0.00
1122	应收账款	157,600.00	157,600.00	157,600.00	157,600.00	0.00	0.00
2203	预收账款	0.00	0.00	0.00	0.00	0.00	0.00
	合计		157,600.00		157,600.00		0.00

图 7-9 应收与总账对账

7. 输入供应商往来期初数据

选择"采购"|"供应商往来"|"供应商往来期初"命令，打开"期初余额—查询"对话框，与客户往来期初数据录入一样，录入后与总账对账。

第 8 章 采 购 管 理

8.1 采购管理概述

8.1.1 功能概述

采购管理系统是 T3 管理软件中的一个模块,其主要功能包括以下几个方面。

1. 采购模块初始设置

采购系统初始设置包括设置采购管理系统业务范围、采购期初数据及供应商往来期初。

2. 采购业务处理

T3 系统中,采购管理是对采购业务全流程的管理。具体包括采购订货处理,动态掌握订单执行情况;处理采购入库单、采购发票,通过采购结算确认采购入库成本;根据采购发票确认应付,对供应商付款结算。

3. 采购账簿

采购管理系统可以提供各种明细账、统计表及供应商往来信息查询。

8.1.2 采购管理系统与其他系统的主要关系

采购管理系统与库存、核算、销售等模块集成使用,它们之间的主要关系如图 8-1 所示。

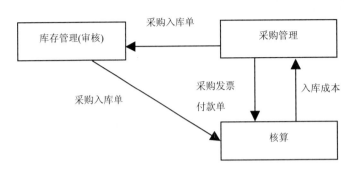

图 8-1 采购管理与其他系统的相互关系

在采购管理系统中填制采购入库单、采购发票、付款单,对采购发票进行复核并与采购入库单进行采购结算。采购发票和采购入库单之间可相互参照生成。

在库存管理系统中对传递过来的采购入库单进行审核。

在核算系统中,对已记账的采购入库单生成入库凭证,对采购发票生成应付凭证,对付款单生成付款凭证。

8.2 采购管理系统日常业务处理

8.2.1 采购订单管理

采购订单也称为采购合同,是企业与供应商之间签订的一种购销协议,主要内容包括采购什么货物、采购数量、由谁供货、什么时间到货、到货地点、运输方式、价格、运费等。采购订单管理的内容包括订单的录入、审核、关闭、查询等。

1. 填制采购订单

当与供货单位签订采购意向协议时,可以将采购协议以订单的形式输入计算机,并打印出来报采购主管审批。

已录入未审核的订单状态显示为"输入"。未经审核的订单可以修改、删除。

2. 订单审核

订单输入到计算机中保存后,只有经过审核,才能在录入采购入库单或采购发票时参照使用。审核订单有三种含义,可以根据企业需要选择其中一种。

(1) 已由供货单位确认。

(2) 如果订单是由专职录入员输入的,由业务员进行数据检查,确认订单内容正确。

(3) 经过采购主管批准了的订单。

已审核订单，在订单的底部显示审核人的姓名，状态显示为"审核选择"。已审核订单不能直接修改、删除，如果需要修改，须先取消审核。

采购订单审核后，可以在"订单选择明细表"和"订货统计表"中查询。

3．订单选择

订单选择分为两种。一种是以采购的货物入库为依据，一种是以取得发票为依据。凡是根据采购订单进行的采购业务，货物到达后填入库单、发票，复制订单时，必须关联订单，才能选择订单，否则不能正确统计出订单的选择情况。

4．订单关闭

采购订单选择完毕，也就是说某采购订单所订货物已入库并且已付款取得采购发票后，该订单就可以关闭了。对于确实不能选择的某些采购订单，经采购主管批准后，也可以关闭该订单。订单关闭采用人工关闭。

已关闭订单状态显示为"关闭"。若订单已关闭，则不能在填制采购入库单和采购发票时用作参照。已关闭的订单可以重新进入。

8.2.2 普通采购业务

按货物和发票到达的先后，将普通采购业务划分为单货同行、货到票未到(暂估入库)、票到货未到(在途存货)三种类型，不同的业务类型相应的处理方式有所不同。

1．单货同行

当采购、库存、核算、总账集成使用时，单货同行的采购业务处理流程如图 8-2 所示。

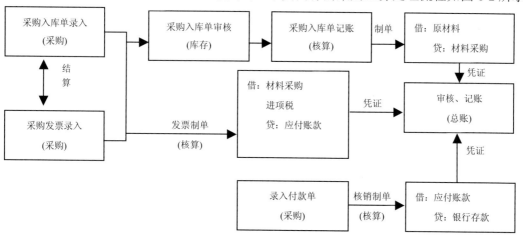

图 8-2 单货同行的采购业务处理流程

2. 货到票未到(暂估入库)业务

暂估是指本月存货已经入库，但采购发票尚未收到，不能确定存货的入库成本，月底时为了正确核算企业的库存成本，需要将这部分存货暂估入账，形成暂估凭证。对暂估业务，系统提供了三种不同的处理方法。

(1) 月初回冲

进入下月后，核算模块在存货明细账中自动生成与暂估入库单完全相同的"红字回冲单"，冲回存货明细账中上月的暂估入库。对"红字回冲单"制单，冲回上月的暂估凭证。

收到采购发票后，录入采购发票，对采购入库单和采购发票作采购结算。结算完毕后，进入核算模块，选择"暂估处理"功能，进行暂估处理后，系统根据发票自动生成一张"蓝字回冲单"，其上的金额为发票上的报销金额。同时登记存货明细账，使库存增加。对"蓝字回冲单"制单，生成采购入库凭证。

(2) 单到回冲

下月初不作处理，收到采购发票后，在采购模块中录入并进行采购结算；再到核算模块中进行"暂估处理"，系统自动生成红字回冲单、蓝字回冲单，同时据以登记存货明细账。红字回冲单的入库金额为上月暂估金额，蓝字回冲单的入库金额为结算单上的报销金额。

(3) 单到补差

下月初不作处理，收到采购发票后，在采购模块中录入并进行采购结算；再到核算模块中进行"暂估处理"，在存货明细账中根据报销金额与暂估金额的差额产生调整单，自动记入存货明细账；最后对"调整单"制单，生成凭证，传递到总账。

以单到回冲为例，暂估处理的业务流程如图8-3所示。

(a) 当月货到票未到的业务流程

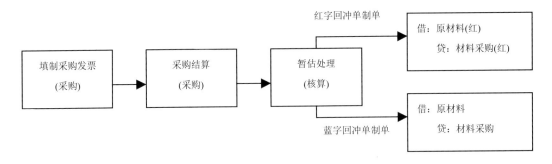

(b) 下月发票到后的业务流程

图8-3 单到回冲暂估处理的业务流程

对于暂估业务要注意的是,在月末暂估入库单记账前,要对所有没有结算的入库单填入暂估单价,然后才能记账。

3. 票到货未到(在途存货)业务

如果先收到了供货单位的发票,而没有收到供货单位的货物,可以对发票进行压单处理,待货物到达后,再一并输入计算机作报账结算处理。但如果需要实时统计在途货物的情况,就必须将发票输入计算机,待货物到达后,再填制入库单并作采购结算。

8.2.3 采购退货业务

由于材料质量不合格、企业转产等原因,企业可能发生退货业务,针对退货业务发生的不同时机,软件中采用了不同的解决方法。

1. 货虽收到,但未办理入库手续

如果尚未录入采购入库单,此时只要把货退还给供应商即可,软件中不用做任何处理。

2. 从入库单角度来看,分为两种情况

(1) 入库单未记账

即已经录入"采购入库单",但尚未记入存货明细账。此时又分三种情况。

① 未录入"采购发票"

如果是全部退货,则可删除"采购入库单";如果是部分退货,可直接修改"采购入库单"。

② 已录入"采购发票"但未结算

如果是全部退货,可删除"采购入库单"和"采购发票";如果是部分退货,可直接修改"采购入库单" 和"采购发票"。

③ 已经录入"采购发票"并选择了采购结算

若结算后的发票没有付款,此时可取消采购结算,再删除或修改"采购入库单"和"采购发票";若结算后的发票已付款,则必须录入退货单。

(2) 入库单已记账

此时无论是否录入"采购发票","采购发票"是否结算,结算后的"采购发票"是否付款,都需要录入退货单。

3. 从采购发票角度来看,分为两种情况

(1) 采购发票未付款

当入库单尚未记账时,直接删除"采购入库单"和"采购发票",已结算的"采购发票"需先取消结算再删除。当入库单已经记账时,必须录入退货单。

(2) 采购发票已付款

此时无论入库单是否记账都必须录入退货单。

4. 退货处理

退货业务处理流程如图 8-4 所示。

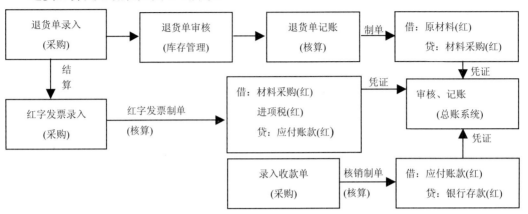

图 8-4 退货业务处理流程

8.2.4 现付业务

所谓现付业务，是当采购业务发生时，立即付款，由供货单位开具发票。现付业务处理流程如图 8-5 所示。

图 8-5 现付业务处理流程

8.2.5 付款结算

付款单用来记录企业支付的供应商往来款项，款项性质包括应付款和预付款。其中应付款、预付款性质的付款单将与发票、应付单进行核销处理。

应付款系统的收款单用来记录发生采购退货时，企业收到的供应商退付的款项。

8.2.6 转账业务

转账处理是在日常业务处理中经常发生的应付冲应收、应付冲应付、预付冲应付及红票对冲的业务处理。

1. 应付冲应收

应付冲应收是指用某供应商的应付账款冲抵某客户的应收款项。系统通过应付冲应收功能将应付款业务在供应商和客户之间进行转账，实现应付业务的调整，解决应付债务与应收债权的冲抵。

2. 应付冲应付

应付冲应付是指将一家供应商的应付款转到另一家供应商中。通过应付冲应付功能可将应付款业务在供应商之间进行转入、转出，实现应付业务的调整，解决应付款业务在不同供应商之间入错户或合并户的问题。

3. 预付冲应付

预付冲应付是指处理供应商的预付款和该供应商应付欠款的转账核销业务。即某一个供应商有预付款时，可用该供应商的一笔预付款冲其一笔应付款。

4. 红票对冲

红票对冲可实现某供应商的红字应付单与其蓝字应付单、付款单与收款单之间的冲抵，如发生退票时，用红字发票对冲蓝字发票。红票对冲通常可以分为系统自动冲销和手工冲销两种处理方式。自动冲销可同时对多个供应商依据红票对冲规则进行红票对冲，提高红票对冲的效率。手工冲销可对一个供应商进行红票对冲，并自行选择红票对冲的单据，提高红票对冲的灵活性。

8.2.7 综合查询

灵活运用采购管理系统提供的各种查询功能，可以有效提高信息利用和采购管理水平。

1. 单据查询

通过"入库单明细列表"、"发票明细列表"、"结算单明细列表"、"凭证列表查询"，可以分别对入库单、发票、结算单、凭证进行查询。

2. 账表查询

通过对采购管理系统提供的采购明细表、采购统计表、余额表，可以掌握采购环节的业务情况，为事中控制、事后分析提供依据。

8.2.8 月末结账

月末结账是将当月的单据数据封存，结账后不允许再对该会计期的采购单据进行增加、修改和删除处理。

实验十　采购管理

【实验目的】

掌握 T3 管理软件中有关采购管理的相关内容，掌握企业日常采购业务处理方法，理解采购管理系统各项参数设置的意义，理解采购模块与其他模块之间的数据传递关系。

【实验准备】

引入"实验九"账套数据。

【实验内容】

1. 采购订货业务。
2. 普通采购业务。
3. 现结采购业务。
4. 采购运费处理。
5. 暂估处理。
6. 采购退货业务。
7. 预付款业务。
8. 转账业务。

【实验要求】

以"101 丁力"的身份进行操作。

【实验资料】

2015 年 1 月份采购业务如下。

1. 采购订货业务

1 日，向众诚公司订购一批《下厨房》多媒体课件，数量为 100 套，单价为 80 元，预定本月 3 日到货。

2. 普通采购业务

(1) 3 日，向众诚公司订购的《下厨房》到货，数量为 100 套，单价为 80 元，将收到的货物验收入产品一库。填制采购入库单。

(2) 当天收到该笔货物的专用发票一张，发票号 F001。填制采购专用发票。

(3) 财务部门根据采购发票开出转账支票(票号 C1)一张，付清采购货款。填制付款单。

3. 采购现结业务

5 日，向新华印刷厂购买复印纸 300 包，单价为 15 元，验收入材料库。同时收到专用发票一张，票号为 F002，立即以转账支票形式(票号 Z001、银行账号 12345)支付货款。

4. 采购运费处理

8日，向众诚公司购买光盘4000张，单价为2元，验收入材料库。同时收到专用发票一张，票号为F003。另外，在采购的过程中，发生了一笔运输费200元，税率为7%，收到相应的运费发票一张，票号为F004。

5. 暂估入库报销处理

10日，收到新华印刷厂寄来专用发票一张，票号为F005，商品为上月已入库的复印纸，数量100包，单价15元。进行暂估报销处理。

6. 采购结算前退货

(1) 12日，收到百汇公司提供的电子教室，数量12套，单价为150元。验收入产品一库。

(2) 14日，发现有2套电子教室不能安装，要求退回给供应商。

(3) 15日，收到百汇公司开具的专用发票一张，其发票号为F006，数量10套，单价150元，进行采购结算。

7. 预付款业务

1月16日，开出转账支票一张，金额2 000元，票号C07，作为向百汇公司预购激光打印机电子教室新品的定金。

8. 转账业务

1月20日，用预付给百汇公司的2 000元订金冲抵其应付款1 755元。

【操作指导】

1. 采购业务1：采购订货业务

在采购模块中填制采购订单并审核。

① 选择"采购"|"采购订单"命令，进入"采购订单"窗口。
② 单击"增加"按钮，输入日期"2015-01-01"，选择供货单位"众诚"。
③ 选择存货编号为"2002"，输入数量为"100"、单价"80"、计划到货日期"2015-01-03"。
④ 单击"保存"按钮。
⑤ 单击"审核"按钮，如图8-6所示。
⑥ 单击"退出"按钮，退出"采购订单"窗口。

注意：

- 在填制采购订单时，单击鼠标右键可查看存货现存量。
- 如果在存货档案中设置了最高进价，那么当采购订单中货物的进价高于最高进价时，系统会自动报警。

- 系统自动生成"订单编号",可以手工修改,但订单编号不能重复。
- 如果企业要按部门或业务员进行考核,必须输入相关"部门"和"业务员"信息。
- 采购订单保存后,可在"采购订单列表"中查询。

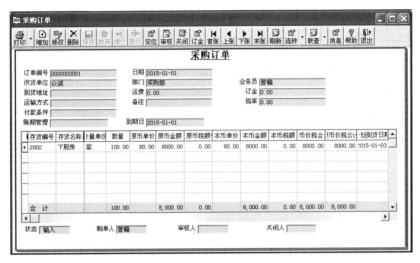

图 8-6 录入采购订单

2. 采购业务 2:普通采购业务

(1) 采购入库单处理

在采购模块中填制采购入库单

① 选择"采购"|"采购入库单"命令,进入"采购入库单"窗口。
② 单击"增加"按钮,根据资料输入采购入库单内容,如图 8-7 所示。

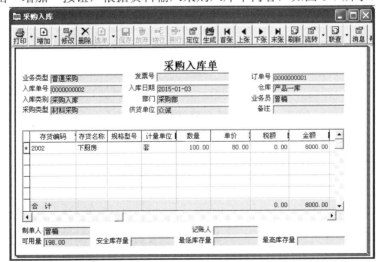

图 8-7 录入采购入库单

③ 单击"保存"按钮。单击"退出"按钮,退出"采购入库单"窗口。

注意:

填制采购入库单时,可单击鼠标右键,参照已审核的采购订单。

在库存模块中审核采购入库单

① 选择"库存"|"采购入库单审核"命令,进入"采购入库单"窗口。
② 单击"审核"按钮,单击"退出"按钮返回。

在核算模块中对入库单记账并生成入库凭证

① 选择"核算"|"核算"|"正常单据记账"命令,打开"正常单据记账条件"对话框。
② 单击"确认"按钮,进入"正常单据记账"窗口,如图8-8所示。

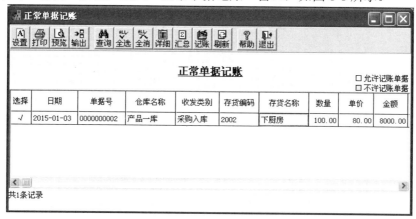

图 8-8　正常单据记账

③ 选择要记账的单据,单击"记账"按钮,退出。
④ 选择"核算"|"凭证"|"购销单据制单"命令,进入"生成凭证"窗口。
⑤ 单击工具栏上的"选择"按钮,打开"查询条件"对话框。
⑥ 选择"采购入库单(暂估记账)",单击"确认"按钮,进入"未生成凭证一览表"窗口。
⑦ 双击要制单的记录行,单击"确定"按钮,进入"生成凭证"窗口。
⑧ 选择凭证类别为"转账凭证",单击"生成"按钮,进入"填制凭证"窗口。
⑨ 修改凭证日期为"2015-01-03",将光标定位在"库存商品"行,补充该科目的项目为"下厨房",如图8-9所示。单击"保存"按钮,凭证左上角出现"已生成"标志,表示凭证已传递到总账。

(2) 采购发票处理

在采购模块中填制采购发票

① 选择"采购"|"采购发票"命令,进入"采购专用发票"窗口。

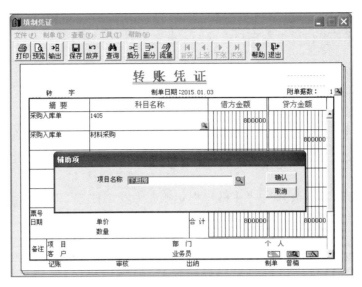

图8-9 生成凭证

② 单击"增加"按钮,单击鼠标右键,选择"拷贝入库单"命令,进入"过滤条件"窗口。单击"过滤"按钮,进入"入库单列表"窗口。也可根据资料直接输入。

③ 选择需要参照的采购入库单,单击"确定"按钮,将采购入库单信息带入采购专用发票,输入发票号"F001",如图8-10所示。

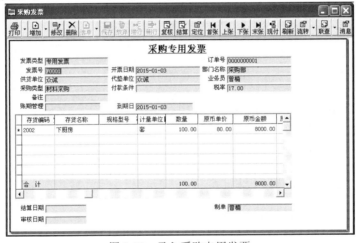

图8-10 录入采购专用发票

④ 单击"保存"按钮,再单击"退出"按钮。

在采购模块中对采购发票进行复核并与入库单进行采购结算

① 以丁力的身份重新注册采购管理,进入采购发票界面。单击"复核"按钮,系统弹出"复核将发票登记应付账款,请在往来账中查询该数据,是否只处理当前张?"信息提示框,单击"是"按钮,完成发票复核,发票左上角显示"已审核"字样。

② 单击"结算"按钮,打开"自动结算"对话框。单击"确认"按钮,系统进行自动结算,发票左上角显示"已结算"字样。

注意:
- 采购结算也可通过选择"采购"|"采购结算"命令来完成,有手工结算和自动结算两种方式。
- 由于某种原因需要修改或删除入库单、采购发票时,需先取消采购结算。取消采购结算的方法是在"结算单明细列表"中打开对应的采购结算单并删除。

在核算模块中对采购发票生成应付凭证

① 选择"核算"|"凭证"|"供应商往来制单"命令,打开"供应商制单查询"对话框。

② 选择"发票制单",单击"确认"按钮,进入"单据处理"窗口。

③ 选择"转账凭证",选择需要制单的单据。

④ 单击"制单"按钮,进入"填制凭证"窗口,如图 8-11 所示。

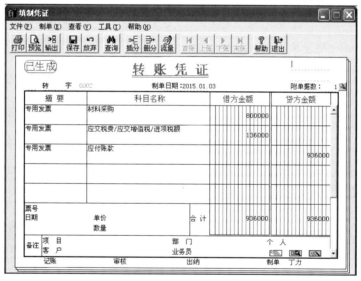

图 8-11 生成应付凭证

⑤ 单击"保存"按钮,凭证左上角出现"已生成"标志,表示凭证已传递到总账。

(3) 付款单处理

在采购模块中填制付款单并核销

① 选择"采购"|"供应商往来"|"付款结算"命令,进入"付款单"窗口。

② 选择供应商为"众诚"。

③ 单击"增加"按钮,输入结算方式"转账支票",金额"9360",单击"保存"

按钮。

④ 单击"核销"按钮，系统调出要核算的单据，在第 2 行单据后输入结算金额"9 360"，如图 8-12 所示，再单击"保存"按钮。

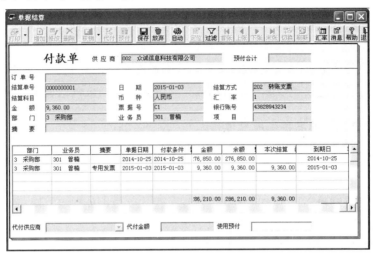

图 8-12　录入付款单并核销

在核算模块中对付款单生成付款凭证

① 选择"核算"|"凭证"|"供应商往来制单"命令，打开"供应商制单查询"对话框。

② 选择"核销制单"，单击"确认"按钮，进入"单据处理"窗口。

③ 双击选择需要审核的单据，选择"付款凭证"。

④ 单击"制单"按钮，进入"填制凭证"窗口，如图 8-13 所示。

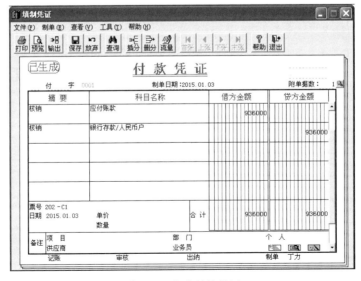

图 8-13　生成付款凭证

⑤ 单击"保存"按钮，凭证左上角出现"已生成"标志，表示凭证已传递到总账。

相关查询

① 在采购系统中查询"入库明细表"、"采购明细表"等。

② 在库存系统中，查询"库存台账"。

③ 在核算系统中，查询"收发存汇总表"、"购销单据凭证列表"、"供应商往来凭证列表"。

3．采购业务 3：现结业务

(1) 采购入库单处理

① 在采购模块中填制采购入库单。

② 在库存模块中审核采购入库单。

③ 在核算模块中对入库单记账并生成入库凭证。

以上操作与普通采购业务的采购入库单处理方式相同。

(2) 采购发票处理

在采购模块中填制采购发票

与普通采购业务填制采购发票操作方式相同。

在采购模块对采购发票进行现结处理

① 对刚填制的采购发票，单击"现付"按钮，进行现付操作。

② 选择结算方式"转账支票"；输入金额"5265"、票号"Z001"、银行账号"12345"，如图 8-14 所示。单击"确定"按钮，系统弹出提示"现付成功！"。

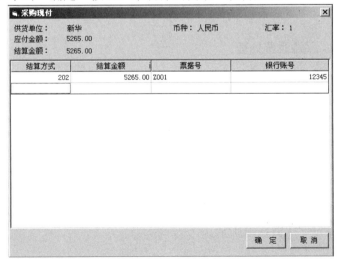

图 8-14 采购现付

③ 单击"结算"按钮进行采购结算。单击"退出"按钮返回。

④ 以账套主管"丁力"身份,单击"复核"按钮对采购发票进行复核。

在核算模块中对现结采购发票生成付款凭证

① 以账套主管"丁力"身份,选择"核算"|"凭证"|"供应商往来制单"命令,打开"供应商制单查询"对话框。

② 选择"现结制单",单击"确认"按钮,进入"单据处理"窗口。

③ 双击选择需要审核的单据,选择"付款凭证"。

④ 单击"制单"按钮,进入"填制凭证"窗口,如图 8-15 所示。

⑤ 单击"保存"按钮,凭证左上角出现"已生成"标志,表示凭证已传递到总账。

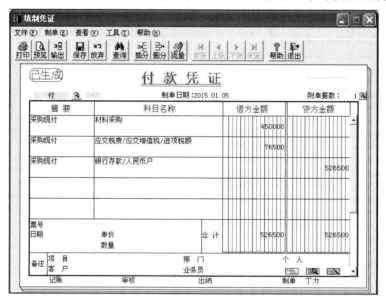

图 8-15 对现结采购发票生成付款凭证

4. 采购业务 4:采购运费处理

(1) 采购入库单处理

与普通采购业务的采购入库单处理方式相同。

(2) 采购发票处理

在采购模块中填制采购发票并审核

与普通采购业务填制采购发票操作方式相同。

在采购模块中填制运费发票并审核

① 选择"采购"|"采购发票"命令,进入"采购发票"窗口。

② 单击"增加"按钮右箭头下的普通运费发票,输入发票号"F004",供货单位"众诚",存货"运输费",金额"200",如图 8-16 所示。

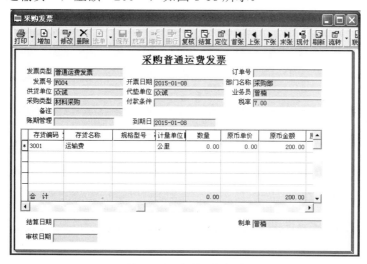

图 8-16　采购运费发票

③ 单击"保存"按钮。

④ 以账套主管"丁力"身份,单击"复核"按钮,对已填好的运费发票进行审核。

注意:
费用发票上的存货必须具有"劳务费用"属性。

在采购模块中进行采购结算(手工结算)

① 选择"采购"|"采购结算"|"手工结算",打开"条件输入"对话框,单击"确认"按钮,进入"入库单和发票选择"窗口。

② 选择要结算的入库单和发票,单击"确认"按钮,返回"手工结算"窗口。

③ 选择费用分摊方式为"按数量",如图 8-17 所示。单击"分摊"按钮,系统弹出信息提示框,单击"是"按钮确认。

④ 单击"结算"按钮,系统进行结算处理,完成后弹出"完成结算!"信息提示框。单击"确定"按钮返回。

注意:
- 不管采购入库单上有无单价,采购结算后,其单价都被自动修改为发票上的存货单价。

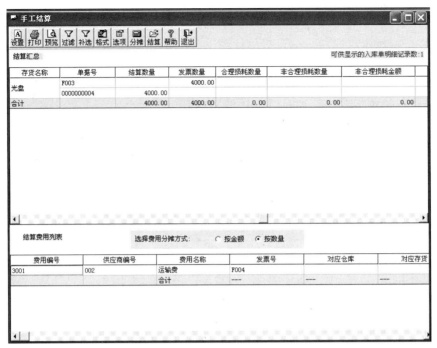

图 8-17 手工结算

在核算模块中，采购发票和运费发票合并进行应付制单

① 选择"核算"|"凭证"|"供应商往来制单"命令，打开"供应商制单查询"对话框。

② 选择"发票制单"，单击"确认"按钮，进入"单据处理"窗口。

③ 单击"合并"按钮，选择"转账凭证"。

④ 单击"制单"按钮，进入"填制凭证"窗口，如图 8-18 所示。

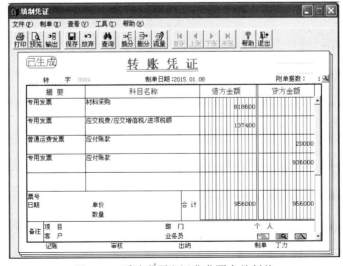

图 8-18 采购发票和运费发票合并制单

⑤ 单击"保存"按钮，凭证左上角出现"已生成"标志，表示凭证已传递到总账。

5. 采购业务 5：上月暂估业务，本月发票已到

(1) 采购发票处理

在采购模块中填制采购发票并审核

与普通采购业务填制采购发票操作方式相同。

在采购模块中进行采购结算(手工结算)

① 选择"采购"|"采购结算"|"手工结算"，打开"条件输入"对话框，修改过滤日期从"2014-11-01"到"2015-01-31"，单击"确认"按钮。

注意：
如果入库单选择列表中没有可选择的入库单，试一试单击工具栏中的"过滤"按钮，重新输入结算的"起始日期"和"截止日期"或其他项目。

② 选择要进行结算的入库单和发票，单击"确认"按钮返回。
③ 单击"结算"按钮，系统进行结算处理，完成后弹出"完成结算！"信息提示框。单击"确定"按钮返回。

在核算模块中对采购发票进行供应商往来制单

与普通采购业务填制发票制单操作方式相同。

(2) 采购入库单处理

在核算模块中进行暂估处理

① 选择"核算"|"暂估入库成本处理"命令，打开"暂估处理查询"对话框。选择"材料库"，单击"确认"按钮，进入"暂估结算表"窗口。
② 选择需要进行暂估结算的单据，单击"暂估"按钮，完成结算，退出。

在核算模块中对红字回冲单和蓝字回冲单(报销)生成入库凭证

① 选择"核算"|"凭证"|"购销单据制单"命令，进入"生成凭证"窗口。
② 单击工具栏上的"选择"按钮，打开"查询条件"对话框。
③ 选择"红字回冲单和蓝字回冲单(报销)"，单击"确认"按钮，进入"未生成凭证一览表"窗口。
④ 双击选择要制单的两个记录行，单击"确定"按钮，进入"生成凭证"窗口。
⑤ 选择凭证类别为"转账凭证"，单击"生成"按钮，进入"填制凭证"窗口。

⑥ 单击"保存"按钮，凭证左上角出现"已生成"标志，表示凭证已传递到总账。

6. 采购业务6：结算前部分退货

(1) 采购入库单处理

① 在采购模块中填制采购入库单(数量12)，并在库存模块中审核。

② 在采购模块中增加红字采购入库单(数量-2)，并在库存模块中审核。

(2) 采购发票处理

① 在采购模块中填制采购专用发票(数量10)并审核。

② 在采购管模块中，对采购入库单、红字采购入库单、采购专用发票进行采购结算处理。

7. 采购业务7：预付款业务

① 在采购管理系统中，选择"供应商往来"|"付款结算"命令，进入"付款单"窗口。

② 选择供应商"百汇"，单击"增加"按钮，结算方式"转账支票"，票号"C07"，金额2 000元，单击"保存"按钮。

③ 单击"预付"按钮，系统将2 000元作为预付款。

④ 在核算系统中，选择"凭证"|"供应商往来制单"命令，打开"供应商制单查询"对话框。

⑤ 选择"核销制单"，单击"确认"按钮，打开"核销制单"窗口。选择要制单的单据，单击"制单"按钮，打开"填制凭证"窗口，单击"保存"按钮，如图8-19所示。

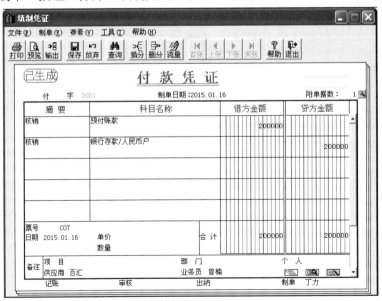

图8-19 预付款生成凭证

8. 转账业务

① 在采购管理系统中，执行"供应商往来"|"预付冲应付"命令，进入"预付冲应付"窗口。

② 单击打开"预付款"选项卡，选择供应商为"百汇"，单击"过滤"按钮，系统列出该供应商的预付款，输入转账金额"1 755"，如图 8-20 所示。

图 8-20　预付冲应付

③ 单击打开"应付款"选项卡，单击"过滤"按钮，系统列出该供应商的应付款，在应付款记录行输入转账金额"1 755"。

④ 单击"确认"按钮，系统弹出"操作成功！"信息提示框，单击"确定"按钮返回。

9. 数据备份

在采购管理月末结账之前，进行账套数据备份。

10. 月末结账

(1) 结账处理

① 选择"采购"|"月末结账"命令，打开"月末结账"对话框。
② 单击"选择标记"栏，出现"选中"标记。
③ 单击"结账"按钮，系统提示"月末结账完毕"。
④ 单击"退出"按钮。

(2) 取消结账

① 选择"采购"|"月末结账"命令，打开"月末结账"对话框。

② 单击"选择标记"栏,出现"选中"标记。
③ 单击"取消结账"按钮,系统提示"取消月末结账完毕"。
④ 单击"退出"按钮。

第 9 章

销售管理

9.1 销售管理概述

9.1.1 功能概述

销售管理是 T3 购销存系统中的一个模块,其主要功能如下。

1. 销售模块初始设置

销售系统初始设置包括设置销售管理系统业务范围、销售期初数据及客户往来期初。

2. 销售业务管理

销售订单管理包括销售订单的受订、销售订单的确认和关闭,同时提供如下报表:销售订货明细表、销售订货汇总表、销售订货执行汇总表。

销售业务管理主要处理普通销售、销售退回、发货折扣等业务,可根据审核后的发票或发货单自动生成销售出库单,处理随同货物销售所发生的各种代垫费用,以及在货物销售过程中发生的各种销售支出情况。

3. 销售账簿及销售分析

销售系统可以提供各种销售明细账、销售明细表及各种统计表。销售系统还提供各种销售分析及综合查询统计分析。

9.1.2 销售管理系统与其他系统的主要关系

销售管理系统与其他系统的主要关系如图 9-1 所示。

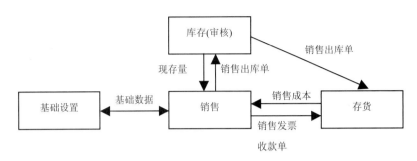

图 9-1 销售管理与其他系统的主要关系

销售管理与基础设置共享基础数据。

销售管理的发货单经审核后自动生成销售出库单传递给库存管理系统和核算系统；库存管理系统为销售管理系统提供可用于销售的存货的现存量；存货核算系统将计算出来的存货的销售成本传递给销售管理系统。

销售管理系统为存货核算系统提供已审核的销售发票、代垫费用单以及付款单；存货核算系统根据销售管理系统提供的各种单据生成相应的凭证。

9.2 销售管理日常业务处理

9.2.1 销售订货管理

销售订货是确认客户要货需求的过程。客户的要货需求通过销售订单的形式反映，企业根据销售订单组织货源，并对订单的选择进行管理、控制和追踪。

1. 录入销售订单

当客户的要货需求初步确认时，可以以销售订单的形式输入计算机。销售订单作为合同或协议的载体而存在，主要内容包括销售发货的日期、货物明细、价格、数量等事项。

2. 审核销售订单

销售订单保存后，只有经过审核，订单数据才能记入相关的统计表。在填制销售发货单或销售发票时，所参照的销售订单必须是经过审核并处于进入状态的。

3. 关闭销售订单

订单已选择完毕或因其他种种原因无法继续选择该订单，需要选择"订单关闭"功能。系统提供"手动关闭"和"自动关闭"两种方式。

4. 销售订单查询统计

销售订单列表显示已输入到系统中的订单的明细列表；销售订货明细表可以按单据、

客户、部门、业务员、货物分析销售订货的明细受订情况;销售订货汇总表可以按单据、客户、部门、业务员、货物输出销售订货的汇总情况;销售订货选择汇总表可以按单据、客户、部门、业务员、货物、预发货日期汇总销售订货的发货选择情况。

9.2.2 普通销售业务

按销售发货的业务处理模式不同,普通销售业务分为"先发货后开票"和"开票直接发货"两种模式,企业只能选择其中一种,不同销售模式其相应的业务处理流程也不同。

1. 先发货后开票

当销售管理、库存管理、存货核算、总账集成使用时,先发货后开票销售业务模式的业务流程如图 9-2 所示。

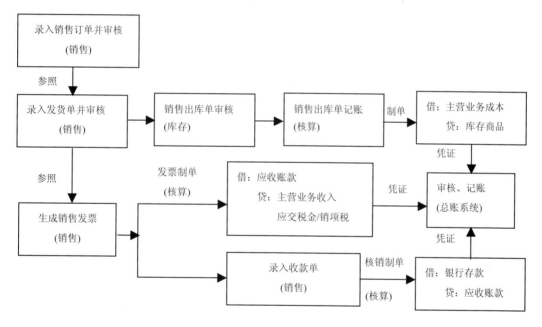

图 9-2 先发货后开票的普通销售业务流程

对于先发货后开票业务,在销售管理中需要做的工作有以下几步。

(1) 录入并审核销售订单

在处理订货业务时,可以利用销售管理系统的订单管理功能进行处理。销售订单保存后,可在"销售订单列表"中查询。

(2) 参照销售订单生成发货单并审核

在先发货后开票的业务模式下,发货单可以参照销售订单产生,也可以直接录入。当发货单开出时,只影响存货的现存量,不冲减存货的实际库存。保存后的发货单可以在"发货单列表"中进行查询。

发货单保存后,只有经过审核,发货单中的数据才能记入相关的统计表。发货单审核后，系统将分仓库生成销售出库单，并传递到库存管理系统，进而冲减库存量。也只有审核过的发货单，开具销售发票时才能参照。

(3) 销售开票

销售开票是销售业务的重要环节，它是销售收入的确认、销售成本计算、应交销售税金确认和应收账款确认的依据。在先发货后开票的业务模式下，销售发票只能根据发货单生成，对同一客户的发货单可以汇总生成销售发票。

销售发票按发票类型分为增值税专用发票、普通发票；按业务性质分为蓝字发票、红字发票。

在填制销售订单、销售发货单和销售发票时，通常会涉及商业折扣的处理。系统提供了两种处理商业折扣的方法，即"单笔商业折扣"和"总额分摊商业折扣"。"单笔商业折扣"是指对销售单据中不同的货物按照不同的折扣率进行打折；而"总额分摊商业折扣"是指对销售单据中所有的货物按照同一折扣率进行打折。

2. 开票直接发货

开票直接发货与先发货后开票的销售业务模式不同之处在于：首先根据销售订单填制销售发票并审核，审核后的销售发票自动生成相应的发货单、销售出库单以及应收账款，并传递到库存管理系统和存货核算系统。

对于开票直接发货的销售业务模式，在销售管理中需要做的工作有：录入销售发票、审核销售发票、根据销售发票生成发货单。

9.2.3 销售退货业务

销售退货是指客户因质量、品种、数量不符合规定要求而将已购货物退回。

1. 先发货后开票销售业务模式下的退货处理

先发货后开票销售业务模式下的退货处理流程，如图9-3所示。

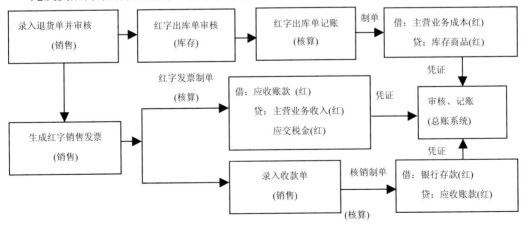

图9-3 先发货后开票销售业务模式下的退货处理流程

2. 开票直接发货销售业务模式下的退货处理

开票直接发货销售业务模式下的退货处理流程为：填制并审核红字销售发票，审核后的红字销售发票自动生成相应的退货单、红字销售出库单以及红字应收账款，并传递到库存管理系统和应收款管理系统。

9.2.4 现收业务

现收业务是指在销售货物的同时向客户收取货币资金的行为。在销售发票、销售调拨单和零售日报等销售结算单据中可以直接处理现收业务并结算，业务流程如图9-4所示。

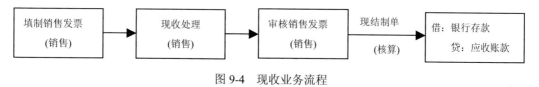

图 9-4 现收业务流程

9.2.5 代垫运费业务

在销售业务中，有的企业随货物销售有代垫费用的发生，例如，代垫运杂费、保险费等。代垫费用属于需要向客户收取的费用项目。对代垫费用的处理有两种方法：一种是以应税劳务的方式直接录入在销售发票中，这样做的好处是能将代垫费用和销售发票直接关联起来，代垫的费用还可以随同发票的核销分摊到货物中；另一种是代垫费用如果不录入销售发票，就要通过系统中提供的代垫费用单单独录入，再到应收款系统中进行收款处理。

在销售系统中仅对代垫费用的发生情况进行登记，收款核销由应收款系统完成。

9.2.6 收款结算

应收款系统的收款单用来记录企业所收到的客户款项，款项性质包括应收款、预收款等。

应收款系统的付款单用来记录发生销售退货时，企业退给客户的款项。

9.2.7 转账业务

转账处理是在日常业务处理中经常发生的应收冲应付、应收冲应收、预收冲应收及红票对冲的业务处理。

1. 应收冲应付

应收冲应付是指用某客户的应收账款冲抵某供应商的应付款项。系统通过应收冲应付功能将应收款业务在客户和供应商之间进行转账，实现应收业务的调整，解决应收债权与应付债务的冲抵。

2. 应收冲应收

应收冲应收是指将一家客户的应收款转到另一家客户中。通过应收冲应收功能可将应收款业务在客商之间进行转入、转出，实现应收业务的调整，解决应收款业务在不同客商之间入错户或合并户的问题。

3. 预收冲应收

预收冲应收是指处理客户的预收款和该客户应收欠款的转账核销业务。即某一个客户有预收款时，可用该客户的一笔预收款冲其一笔应收款。

4. 红票对冲

红票对冲可实现某客户的红字应收单与其蓝字应收单、收款单与付款单之间的冲抵。如当发生退票时，用红字发票对冲蓝字发票。红票对冲通常可以分为系统自动冲销和手工冲销两种处理方式。自动冲销可同时对多个客户依据红票对冲规则进行红票对冲，提高红票对冲的效率。手工冲销可对一个客户进行红票对冲，并自行选择红票对冲的单据，提高红票对冲的灵活性。

9.2.8 综合查询

灵活运用销售管理系统提供的各种查询功能，可以有效提高信息利用和销售管理水平。

1. 单据查询

通过"销售订单列表"、"发货单列表"、"发票列表"、"销售调拨单列表"、"零售日报列表"，可以分别对销售订单、发货单、销售发票、销售调拨单、零售日报进行查询。

2. 账表查询

通过查询销售管理系统提供的销售明细表、销售统计表、余额表及销售分析表，实现对销售业务的事中控制、事后分析的管理。

9.2.9 月末处理

月末结账是将当月的单据数据封存，结账后不允许再对该会计期的销售单据进行增加、修改和删除处理。

实验十一 销售管理

【实验目的】

掌握 T3 管理软件中有关销售管理的相关内容，掌握企业日常销售业务处理方法，理解销售管理与其他系统之间的数据传递关系。

【实验准备】

引入"实验九"账套数据。

【实验内容】

1. 销售订货业务。
2. 普通销售业务处理。
3. 商业折扣处理。
4. 直运销售业务。
5. 现收业务。
6. 代垫费用处理。
7. 销售退货处理。
8. 销售账表查询。

【实验要求】

以"丁力"的身份进行销售管理操作。

【实验资料】

2015 年 1 月份销售日常业务如下。

1. 销售订货业务

1 月 2 日，天友电子技术公司订购《下厨房》80 套，无税单价 100 元。销售二部录入销售订单记录客户订单信息。

2. 普通销售业务

1 月 4 日，销售二部从产品一库向天友电子技术公司发出其所订货物《下厨房》80 套，单价 100 元。填制销售发货单、生成销售出库单并记材料明细账。

当天开出该笔货物的专用发票一张，填制销售发票。

1 月 5 日，财务部门收到转账支票(票号 Z001)一张，天友电子技术公司付清货款。填制收款单核销天友应收款。

3. 现结业务

1 月 12 日，销售二部向北京图书大厦出售《养生智慧》20 册，含税单价为 46 元，货物从产品二库发出。

同日，根据上述发货单开具专用发票一张。同时收到客户以转账支票支付的全部货款，票据号 Z188。

进行现结制单处理。

4. 代垫费用处理

1月12日，销售二部在向北京图书大厦销售商品过程中发生了一笔代垫运输费20元，以现金支付。客户尚未支付该笔款项。

5. 开票直接发货

1月15号，销售二部向天友公司发出《下厨房》10套，无税单价为100元，从产品一库发出，并据此开具专用销售发票一张。

6. 开票前退货业务

1月20日，销售二部销售给天友公司电子教室10套，无税单价200元/套，从产品一库发出。

1月22日，销售二部销售给天友公司的电子教室因质量问题退回2套，无税单价为200元，收回产品一库。

1月22日，财务部开具相应的专用发票一张，数量为8套。

7. 预收款业务

1月22日，收到北华管理软件学院交来转账支票一张，金额100 000元，票号Z1822，用以归还2014年10月前欠货款99 600元，余款转为预收款。

8. 转账业务

1月24日，将北京图书大厦20元代垫运费转给天友公司。

【操作指导】

1. 销售业务1：销售订货业务

在销售管理模块中填制并审核销售订单。

① 选择"销售"|"销售订单"命令，进入"销售订单"窗口。

② 单击"增加"按钮，输入日期"2015-01-02"，选择销售类型"零售"，客户名称"天友"，销售部门"销售二部"。

③ 选择货物名称为"2002 下厨房"，输入数量"80"、无税单价"100"，如图9-5所示。

④ 单击"保存"按钮，再单击"审核"按钮。

图 9-5　填制销售订单

注意：

- 已保存的销售订单可以修改、删除，但不允许修改他人填制的销售订单。
- 系统自动生成"订单编号"，可以手工修改，订单编号不能重复。
- 如果企业要按业务员进行销售业绩考核，必须输入"业务员"信息。

2. 销售业务2：普通销售业务

(1) 销售发货单处理

在销售管理模块中填制并审核销售发货单

① 选择"销售"|"销售发货单"命令，进入"发货单"窗口。

② 单击"增加"按钮，打开"选择订单"对话框，单击"显示"按钮，选择之前步骤②中生成的销售订单，单击"确认"按钮，将销售订单信息带入销售发货单。

③ 输入发货日期"2015-01-04"，选择仓库"产品一库"，单击"保存"按钮。

④ 单击"审核"按钮，系统弹出信息提示框如图9-6所示，单击"是"按钮完成审核，退出。

图 9-6 填制并审核发货单

在库存管理模块中生成销售出库单

① 进入库存管理系统,选择"库存"|"销售出库单生成/审核"命令,进入"销售出库单"窗口。

② 单击"生成"按钮,选择参照单据为"发货单",选择要参照的发货单,单击"确认"按钮。

③ 单击"审核"按钮。

在核算模块中对销售出库单记账并生成凭证

① 选择"核算"|"核算"|"正常单据记账"命令,打开"正常单据记账条件"对话框。

② 选中"产品一库"复选框,保留"销售出库单"单据类型,单击"确定"按钮,进入"正常单据记账"窗口。

③ 单击需要记账的单据前的"选择"栏,出现"√"标记,或单击工具栏的"全选"按钮,选择所有单据,然后单击工具栏中的"记账"按钮。

④ 系统开始进行单据记账,记账完成后,单据不在窗口中显示。

⑤ 选择"核算"|"凭证"|"购销单据制单"命令,进入"生成凭证"窗口。

⑥ 单击"选择"按钮,打开"查询条件"对话框。

⑦ 选择"销售出库单",单击"确认"按钮,进入"选择单据"窗口。

⑧ 单击需要生成凭证的单据前的"选择"栏或单击工具栏的"全选"按钮,然后单击工具栏中的"确定"按钮,进入"填制凭证"窗口。

⑨ 选择凭证类别为"转账凭证",补充主营业务成本和库存商品科目的核算项目为"下厨房",如图 9-7 所示,单击"确认"按钮。

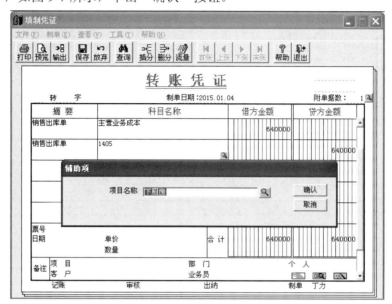

图 9-7 销售出库生成凭证

⑩ 确认无误后,单击工具栏中的"保存"按钮,凭证左上角显示"已生成"红字标记,表示已将凭证传递到总账系统。

(2) 销售发票处理

在销售管理模块中根据发货单填制并复核销售发票

① 选择"销售"|"销售发票"命令,进入"销售发票"窗口。

② 单击"增加"下三角按钮,从列表中选择"专用发票"。单击"选单"下的"发货单",打开"选择发货单"对话框,单击"显示"按钮,选择要参照的发货单,单击"确认"按钮,将发货单信息带入销售专用发票。

③ 输入开票日期"2015-01-04",单击"保存"按钮。

④ 单击"复核"按钮,系统弹出信息提示框如图 9-8 所示,单击"是"按钮。

在存货核算模块中根据销售专用发票生成销售收入凭证

① 选择"核算"|"凭证"|"客户往来制单"命令,打开"制单查询"对话框。

② 选中"发票制单"复选框,单击"确认"按钮,进入"销售发票制单"窗口。

③ 选择凭证类别为"转账凭证",单击工具栏中的"全选"按钮,选择窗口中的所有单据。单击"制单"按钮,屏幕上出现根据发票生成的转账凭证。

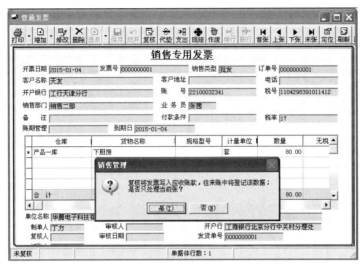

图 9-8　填制销售专用发票

④ 补充录入主营业务收入科目项目为"下厨房",单击"保存"按钮,凭证左上角显示"已生成"红字标记,表示已将凭证传递到总账系统,如图 9-9 所示。

图 9-9　生成应收凭证

(3) 收款单处理

在销售管理模块填制收款单并与销售发票核销

① 选择"销售"|"客户往来"|"收款结算"命令,进入"收款单"窗口。

② 选择客户"天友",单击"增加"按钮。

③ 输入结算日期"2015-01-05";结算方式"转账支票";金额"9 360"。

④ 单击"保存"按钮，再单击"核销"按钮。

⑤ 在"本次结算"栏中输入"9 360"，单击"保存"按钮，如图9-10所示。

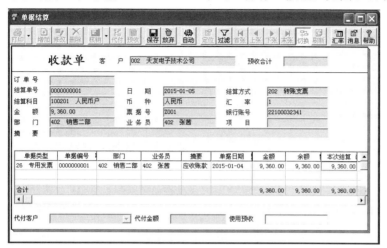

图9-10 录入收款单并核销

在存货核算模块中，根据核销的收款单生成收款凭证

① 选择"核算"|"凭证"|"客户往来制单"命令，打开"制单查询"对话框。

② 选中"核销制单"复选框，单击"确认"按钮，进入"核销制单"窗口。

③ 选择凭证类别为"收款凭证"，单击工具栏中的"全选"按钮，选择窗口中的所有单据。单击"制单"按钮，屏幕上出现根据收款单生成的凭证。

④ 单击"保存"按钮，凭证左上角显示"已生成"红字标记，表示已将凭证传递到总账系统，如图9-11所示。

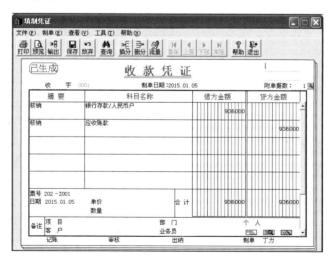

图9-11 生成收款凭证

3. 销售业务3：现结销售

(1) 发货单处理

① 在销售管理模块中填制并审核发货单

② 在库存管理模块中生成并审核出库单

③ 在核算模块中对销售出库单记账并生成凭证

(2) 销售发票处理

在销售管理模块中根据发货单生成销售专用发票，并选择现结

① 在销售模块中，根据发货单生成销售专用发票，单击"保存"按钮。

② 在"销售专用发票"界面，单击"现结"按钮，打开"销售现结"对话框。选择结算方式为"转账支票"，输入结算金额为"920"，票据号为"Z188"，银行账号"12345"，如图9-12所示。单击"确定"按钮返回，在销售专用发票左上角显示"现结"标志。

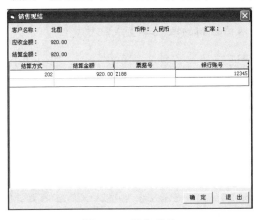

图9-12 销售现结

③ 单击"复核"按钮，对现结发票进行复核。

注意：
- 应在销售发票复核前进行现结处理。
- 销售发票复核后才能在核算模块中进行现结制单。

在核算模块中进行现结制单

① 选择"核算"|"凭证"|"客户往来制单"命令，打开"制单查询"对话框。

② 选中"现结制单"复选框，单击"确认"按钮，进入"应收制单"窗口。

③ 单击需要制单的单据行的"选择标志"栏，输入任一标志，选择凭证类别为"收款凭证"，输入制单日期，单击"制单"按钮，生成收款凭证。

④ 修改确认无误后，单击"保存"按钮，凭证左上角出现"已生成"红色标记，表示凭证已传递到总账。

4．销售业务4：代垫费用处理

(1) 在基础设置中设置费用项目

① 选择"基础设置"|"购销存"|"费用项目"命令，进入"费用项目"窗口。
② 增加"01 运输费"并保存。

(2) 在销售管理模块中填制并审核代垫费用单

① 选择"销售"|"销售发票"命令，找到对应业务的销售专用发票。
② 单击"代垫"按钮，打开"代垫费用单"窗口。
③ 单击"增加"按钮，输入费用项目"运输费"，代垫金额"20"，保存并审核，如图9-13所示。

图9-13 填制并审核代垫费用单

(3) 在存货模块中对代垫费用单确认应收

① 选择"核算"|"凭证"|"客户往来制单"命令，打开"制单查询"对话框。
② 选择"应收单制单"，单击"确认"按钮。
③ 选择要制单的单据，选择凭证类型为"付款凭证"，单击"制单"按钮，生成一张付款凭证，输入借方科目"1122"、贷方科目"1001"，单击"保存"按钮。

5．销售业务5：开票直接发货业务

(1) 在销售管理模块中，填制并复核销售专用发票

① 选择"销售"|"销售发票"命令，进入"销售发票"窗口。

② 单击"增加"按钮,选择专用发票。

③ 按实验要求输入销售专用发票内容并复核。

(2) 在销售管理模块中,查询销售发货单

选择"销售"|"销售发货单"命令,进入"发货单"窗口,可以查看到根据销售专用发票自动生成的发货单。

(3) 在库存管理模块中,生成并审核销售出库单

选择"库存"|"销售出库单生成/审核"命令,进入"销售出库单"窗口,根据销售发票生成销售出库单并审核。

6. 销售业务6:开票前退货处理

① 在销售管理系统中,填制并审核发货单。

② 在销售管理系统中,填制并审核退货单。

③ 在销售管理系统中,填制并复核销售发票。

注意:

- 填制退货单时可参照订单、发货单。
- 参照发货单生成销售专用发票时,需要按住"ctrl"键同时选中"蓝字记录"和"红字记录"复选框,如图9-14所示。如果生成退货单时已参照发货单,则"选择发货单"界面中不再出现退货单,而参照的结果是发货单与退货单的数量差。

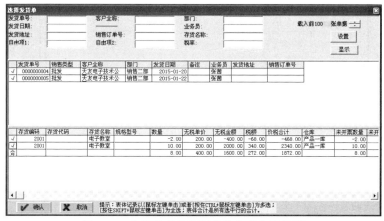

图9-14 参照发货单和退货单生成专用发票

7. 预收款业务

① 在销售管理系统中,选择"客户往来"|"收款结算"命令,打开"收款单"窗口。选择客户"北华",单击"增加"按钮,选择结算方式为"转账支票",输入金额"100 000",票号"Z1822"。单击"保存"按钮。

② 单击"核销"按钮，收款单表体中显示未核销的应收款。在 2014 年 10 月业务的结算金额栏中输入结算金额，收款单中剩余未核销的金额系统自动转为预收款，如图 9-15 所示。

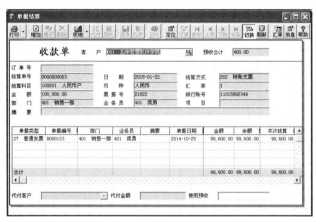

图 9-15　收款核销

③ 在核算系统中，选择"凭证"|"客户往来制单"命令，选择"核销制单"，生成如下凭证。

　　借：银行存款/人民币户　　　100 000
　　　贷：应收账款　　　　　　　　99 600
　　　　预收账款　　　　　　　　　400

8. 转账业务

① 在销售管理系统中，选择"客户往来"|"应收冲应收"命令，打开"应收冲应收"对话框。

② 选择转出户"北图"，转入户"天友"，单击"过滤"按钮。系统列出北图的应收款，确认并账金额为"20"，如图 9-16 所示。

图 9-16　应收冲应收—确认并账金额

③ 单击"确认"按钮，系统弹出"操作成功？"信息提示框，单击"确定"按钮返回。

④ 在核算系统中，执行"选择"|"客户往来制单"命令，选择"并账制单"，生成凭证如图 9-17 所示。

图 9-17 应收冲应收生成凭证

9. 账簿查询

① 在销售日常业务处理完毕后，进行销售账表查询。

② 在销售日常业务处理完毕后，进行账套数据备份。

10. 月末结账

① 选择"销售"|"月末结账"命令，打开"销售月末结账"对话框，其中蓝条处是当前会计月。

② 单击"月末结账"按钮，系统开始结账。

③ 结账完成后，"是否结账"一栏显示"是"。

④ 单击窗口右上角"关闭"按钮返回。

第 10 章

库存管理

10.1 系统概述

10.1.1 功能概述

库存管理是 T3 管理软件购销存系统的组成部分,其主要功能包括以下几个方面。

1. 日常收发存业务处理

库存管理系统的主要功能是对采购管理系统、销售管理系统及库存管理系统填制的各种出入库单据进行审核,并对存货的出入库数量进行管理。

库存管理系统除管理采购业务、销售业务形成的入库和出库单据外,还可以处理仓库间的调拨业务、盘点业务、组装拆卸业务、形态转换业务等形成的相应单据。

2. 库存控制

库存管理系统支持批次跟踪、保质期管理、货位管理,对超储、短缺、超额领料等情况进行报警。

3. 库存账簿及统计分析

库存管理系统可以提供出入库流水账、库存台账供用户查询,同时提供各种统计汇总表。

10.1.2 库存管理系统与其他系统的主要关系

库存管理系统与其他系统的主要关系如图 10-1 所示。

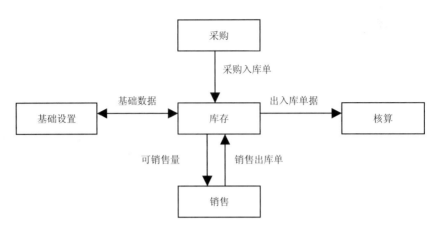

图 10-1 库存管理系统与其他系统的主要关系

库存管理系统与基础设置共享基础数据，也就是说，库存管理系统所需要的基础数据可以在基础设置中统一设置，最终由各系统共享。采购中录入的采购入库单，可以在库存管理系统中审核确认，以证明入库单上的货物已经入库。对销售管理根据发货单或发票生成的销售出库单，库存管理系统进行审核确认，以证明出库单上的货物已经出库，并为销售管理提供存货的可销售量信息，提供各仓库、各存货、各批次的结存情况。库存管理系统为核算系统提供各种出入库单据，在核算系统中记账，并生成凭证。

10.2 库存日常业务处理

10.2.1 入库业务处理

库存管理系统主要是对各种出入库业务进行单据的填制和审核。

1. 采购入库

采购入库单是采购人员在采购系统中录入的，库管员只需在库存管理系统中对采购入库单进行审核即可，不需再录入采购入库单。

2. 产成品入库

产成品入库单是管理工业企业的产成品入库、退回业务的单据。

对于工业企业，企业对原材料及半成品进行一系列的加工后，形成可销售的商品，然后验收入库。只有工业企业才有产成品入库单，商业企业没有此单据。

产成品一般在入库时是无法确定产品的总成本和单位成本的，因此，在填制产成品入库单时，一般只有数量，而没有单价和金额。

3. 其他入库

指除了采购入库、产成品入库之外的其他入库业务，如调拨入库、盘盈入库、组装拆卸入库、形态转换入库等业务形成的入库单。

需要注意的是：调拨入库、盘盈入库、组装拆卸入库、形态转换入库等业务可以自动形成相应的其他入库单，除此之外的其他入库单由用户填制。

10.2.2 出库业务处理

1. 销售出库

对于销售出库单有两种情况。一种销售出库单是销售系统根据销售发货单或发票生成的，在库存管理系统中仅做审核；另外一种是在库存管理系统根据已审核的发货单或发票生成的。

2. 材料出库

材料出库单是工业企业领用材料时所填制的出库单据，材料出库单也是进行日常业务处理和记账的主要原始单据之一。只有工业企业才有材料出库单，商业企业没有此单据。

3. 其他出库

其他出库指除销售出库、材料出库之外的其他出库业务，如维修、办公耗用、调拨出库、盘亏出库、组装拆卸出库、形态转换出库等。

需要注意的是：调拨出库、盘盈出库、组装出库、拆卸出库、形态转换出库等业务可以自动形成相应的其他出库单，除此之外的其他出库单由用户填制。

10.2.3 其他业务

1. 库存调拨

库存管理系统中提供了调拨单用于处理仓库之间存货的转库业务或部门之间的存货调拨业务。如果调拨单上的转出部门和转入部门不同，就表示是部门之间的调拨业务；如果转出部门和转入部门相同，但转出仓库和转入仓库不同，就表示是仓库之间的转库业务。

2. 盘点

库存管理系统中提供了盘点单用来定期对仓库中的存货进行盘点。存货盘点报告表，是证明企业存货盘盈、盘亏和毁损，据以调整存货实存数的书面凭证，经企业领导批准后，即可作为原始凭证入账。

本功能提供两种盘点方法：按仓库盘点，按批次盘点。此外，还可对各仓库或批次中的全部或部分存货进行盘点，盘盈、盘亏的结果可自动生成出入库单。

注意：
- 上次盘点的仓库的存货所在的盘点表未记账之前，不应再对此仓库此存货进行盘点，否则账面数不准确。即同一时刻不能有两张针对相同仓库相同存货的盘点表未记账。
- 盘点前应将所有已办理实物出入库但未录入计算机的出入库单或销售发货单、销售发票均录入计算机中。
- 盘点开始后至盘点结束前不应再办理出入库业务。即新增盘点表后，不应再录入出入库单、发货单及销售发票等单据，也不应办理实物出入库业务。

3. 组装与拆卸

有些企业中的某些存货既可单独出售，又可与其他存货组装在一起销售。如计算机销售公司既可将显示器、主机、键盘等单独出售，又可按客户的要求将显示器、主机、键盘等组装成计算机销售，这时就需要对计算机进行组装；如果企业库存中只有组装好的计算机，但客户只需要买显示器，此时又需将计算机进行拆卸，以便将显示器卖给客户。

组装是指将多个散件组装成一个配套件的过程。组装单相当于两张单据，一个是散件出库单，一个是配套件入库单。配套件和散件之间是一对多的关系。配套件和散件之间的关系，在产品结构中设置。用户在组装之前应先进行产品结构定义，否则无法进行组装。

拆卸是指将一个配套件拆卸成多个散件的过程。拆卸单相当于两张单据，一个是配套件出库单，一个是散件入库单。配套件和散件之间是一对多的关系。配套件和散件之间的关系，在产品结构中设置。用户在组装拆卸之前应先进行产品结构定义，否则无法进行拆卸。

4. 形态转换

由于自然条件或其他因素的影响，某些存货会由一种形态转换成另一种形态，如煤块由于风吹雨淋、天长日久变成了煤渣，活鱼由于缺氧变成了死鱼等，从而引起存货规格和成本的变化。因此库管员需根据存货的实际状况填制形态转换单，或叫规格调整单，报请主管部门批准后进行调账处理。

实验十二　库存管理

【实验目的】

掌握 T3 中有关库存管理的相关内容，掌握企业库存日常业务处理方法，理解库存管理与其他系统之间的数据传递关系。

【实验准备】

引入"实验九"账套数据。

【实验内容】

1. 入库业务处理。
2. 出库业务处理。
3. 其他业务处理。
4. 库存账簿查询。
5. 月末结账。

【实验要求】

以"丁力"的身份进行库存管理操作。

【实验资料】

2015年1月份库存业务如下。

1. 产成品入库业务

1月3日，产品一库收到生产部生产的《下厨房》50套，做产成品完工入库。

随后收到财务部门提供的《下厨房》50套的完工成本共计4000元，立即做成本分配，记账生成凭证。

2. 材料领用

1月5日，生产部向材料库领用复印纸100包，用于印刷《养生智慧》。

3. 调拨业务

1月8日，将材料库中的50包复印纸暂时调拨到产品二库。

4. 盘点业务

1月10日，对材料库的所有存货进行盘点，盘点后，发现光盘多10张。经确认，该光盘的成本为2元/张。

5. 其他入库业务

1月14日，销售二部收到赠品《养生智慧》20套，单价40元，入产品二库。

6. 其他出库业务

1月16日，销售一部领取《下厨房》50套，用于捐助下岗女工培训项目。

【操作指导】

1. 库存业务1：产成品入库

(1) 在库存系统中录入产成品入库单并审核

① 选择"库存"|"产成品入库单"命令，进入"产成品入库单"窗口。

② 单击"增加"按钮,输入入库日期"2015-01-03",选择仓库"产品一库",入库类别"产成品入库",部门"生产部"。

③ 选择存货编码"2002 下厨房",输入数量"50",单击"保存"按钮。

④ 单击"审核"按钮,完成对该单据的审核,如图10-2所示。

图 10-2 录入产成品入库单

注意:
产成品入库单上无须填写单价,待产成品成本分配后会自动写入。

(2) 在核算系统中录入生产总成本并进行产成品成本分配

① 选择"核算"|"核算"|"产成品成本分配"命令,进入"产成品成本分配表"窗口。

② 单击"查询"按钮,打开"产成品成本分配表查询"对话框。选择"产品一库",单击"确认"按钮,系统将符合条件的记录显示于"需要分配的产成品单据选择"窗口。

③ 选择要分配成本的单据,单击"确定"按钮,进入"产成品成本分配表"窗口。

④ 在"2002 下厨房"记录行的"金额"栏输入"4000",如图10-3所示。单击"分配"按钮,系统弹出提示"分配操作顺利完成!",单击"确定"按钮返回。

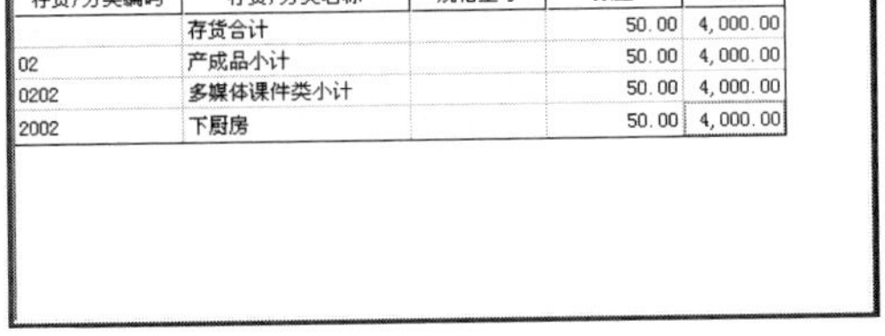

图 10-3 产成品成本分配

⑤ 选择"日常业务"|"产成品入库单"命令，进入"产成品入库单"窗口，查看入库存货单价。

(3) 在核算系统中对产成品入库单进行记账并生成凭证

① 选择"核算"|"核算"|"正常单据记账"命令，对产成品入库单进行记账处理。
② 选择"核算"|"凭证"|"购销单据制单"命令，选择"产成品入库单"生成凭证。
③ 选择凭证类别"转账凭证"，单击"生成"按钮。
④ 在"填制凭证"窗口中补充输入项目核算科目"1405"和"500101"的项目为"U下厨房"。单击"保存"按钮，如图10-4所示。

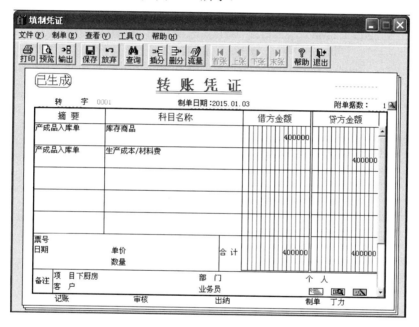

图10-4　生成入库凭证

2. 库存业务2：材料领用出库

(1) 在库存管理系统中填制材料出库单

① 选择"库存"|"材料出库单"命令，进入"材料出库单"窗口。
② 单击"增加"按钮，填写出库日期"2015-01-05"，仓库"材料库"，出库类别"材料领用"，部门"生产部"。
③ 选择材料编码"1002 复印纸"，输入数量"100"。
④ 单击"保存"按钮，再单击"审核"按钮，如图10-5所示。

图 10-5　录入材料出库单

(2) 在核算系统中对材料出库单记账并生成凭证

① 选择"核算"|"核算"|"正常单据记账"命令，对材料出库单进行记账处理。

② 选择"核算"|"凭证"|"购销单据制单"命令，选择"材料出库单"生成凭证。

③ 选择凭证类别"转账凭证"，单击"生成"按钮，如图 10-6 所示。

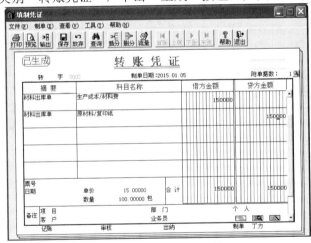

图 10-6　材料出库单生成凭证

④ 在"填制凭证"窗口中输入科目"500101"的项目核算名称为"养生智慧"，单击"保存"按钮。

3. 库存业务 3：库存调拨—仓库调拨

(1) 在库存管理系统中填制调拨单

① 选择"库存"|"库存其他业务"|"调拨单"命令，进入"调拨单"窗口。

② 单击"增加"按钮，输入调拨日期"2015-01-08"；选择转出仓库"材料库"，转入仓库"产品二库"。

③ 选择存货编码"1002 复印纸"，数量"50"，单击"保存"按钮，如图 10-7 所示。

图 10-7　填制调拨单

注意：
- 调拨单保存后，系统自动生成其他入库单和其他出库单，且由调拨单生成的其他入库单和其他出库单不得修改和删除。
- 转出仓库的计价方法是移动平均法、先进先出法、后进先出法时，调拨单的单价可以为空，系统根据计价方法自动计算填入。

(2) 在库存系统中对调拨单生成的其他出入库单进行审核

① 选择"库存"|"其他入库单"命令，进入"其他入库单"窗口。

② 单击"审核"按钮。

③ 同理完成对其他出库单的审核。

(3) 在核算系统中对其他出入库单记账

① 选择"核算"|"核算"|"特殊单据记账"命令，打开"特殊单据记账条件"对话框。

② 选择单据类型为"调拨单"，单击"确认"按钮，进入"特殊单据记账"窗口。

③ 选择要记账的调拨单，单击"记账"按钮。

4. 库存业务4：盘点业务

(1) 在库存管理系统中增加盘点单

① 选择"库存"|"库存其他业务"|"盘点单"命令，进入"盘点单"窗口。
② 单击"增加"按钮，输入日期"2015-01-10"，选择盘点仓库"材料库"。
③ 单击"盘库"按钮，屏幕提示"是否2015-01-10为截止日期进行盘点？"，单击"是"按钮。系统继续提示"是否盘点所有存货？"，单击"是"按钮，窗口中显示材料库中的所有存货。
④ 将存货"1001 光盘"的盘点数量修改为"2210"，单击"保存"按钮，如图10-8所示。

图10-8　增加盘点单

⑤ 单击"审核"按钮。

注意：

● 盘点单审核后，系统自动生成相应的其他入库单和其他出库单。
● 单击"盘库"按钮，表示对选择盘点仓库中所有的存货进行盘点；单击"选择"按钮，表示按存货分类批量选择存货进行盘点。
● 盘点单中输入的盘点数量是实际库存盘点的结果。
● 盘点单记账后，不能再取消记账。

(2) 在库存管理系统中对由盘点单生成的其他入库单进行审核

(3) 在核算系统中对其他入库单进行记账并生成凭证

在核算系统中对其他入库单进行记账生成凭证(存货对方科目为"1901")，如图10-9所示。

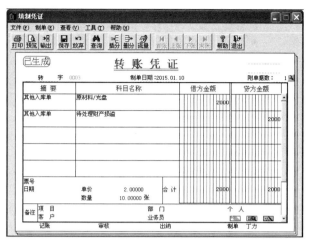

图 10-9　其他入库单生成凭证

5. 库存业务 5：其他入库——赠品入库

(1) 在库存系统中录入其他入库单并审核

① 选择"库存"|"其他入库单"命令，进入"其他入库单"窗口。

② 单击"增加"按钮，输入入库日期"2015-01-14"，选择仓库"产品二库"，部门"销售二部"。

③ 选择存货编码"2003 养生智慧"，输入数量"20"，单价"40"。

④ 单击"保存"按钮，如图 10-10 所示。

图 10-10　赠品入库

⑤ 单击"审核"按钮，完成对该单据的审核。

(2) 在存货核算系统中对其他入库单记账并生成凭证

在存货核算系统中对其他入库单记账并生成凭证，如图 10-11 所示。

图 10-11　赠品入库生成凭证

6. 库存业务 6：其他出库——样品出库

(1) 在库存管理系统中录入其他出库单并审核

① 选择"库存"|"其他出库单"命令，进入"其他出库单"窗口。

② 单击"增加"按钮，输入出库日期"2015-01-16"，选择仓库"产品一库"，部门"销售一部"。

③ 选择存货编码"2002 下厨房"，输入数量"50"，单价"80"。

④ 单击"保存"按钮。

⑤ 单击"审核"按钮，完成对该单据的审核。

(2) 在核算系统中对其他出库单记账并生成凭证

在核算系统中对其他出库单记账并生成凭证，如图 10-12 所示("销售费用/其他科目"可以在选择会计科目时新增)。

图 10-12　样品出库生成凭证

第 11 章

核 算

11.1 系统概述

11.1.1 功能概述

核算是 T3 购销存系统中的一个模块，核算系统主要针对企业存货的收发存业务进行核算，掌握存货的耗用情况，及时、准确地把各类存货成本归集到各成本项目和成本对象上，为企业的成本核算提供基础数据。

核算系统的主要功能包括单据处理、暂估入库成本处理、产成品成本分配、计划价/售价调整、单据记账、生成凭证等几个方面。

11.1.2 核算系统与其他系统的主要关系

核算系统与其他系统的主要关系如图 11-1 所示。

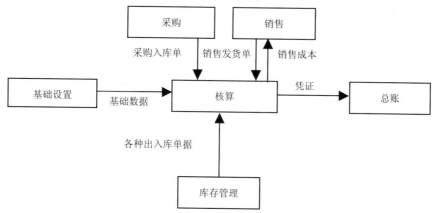

图 11-1 核算系统与其他系统的主要关系

基础设置为核算系统提供各种相关基础数据。采购系统中录入的采购入库单，经审核传递到核算系统中进行记账，以确认存货的入库成本，并生成入库凭证，对采购暂估入库单进行暂估报销处理。销售系统中录入的销售发货单，在库存系统中生成出库单并审核，在存货核算系统中记账，并生成出库凭证。核算系统将计算出来的存货的销售成本传递给销售系统；库存系统中录入的出入库单据传递到核算系统中进行记账，生成出入库凭证。核算系统中生成的凭证，最后都传递到总账进行审核、记账。

11.2 核算系统日常业务处理

11.2.1 入库业务处理

入库业务包括采购入库、产成品入库和其他入库。

产成品入库单在填制时一般只填写数量，单价与金额既可以通过修改产成品入库单直接填入，也可以由核算系统的产成品成本分配功能自动计算填入。

11.2.2 出库业务处理

出库业务包括销售出库、材料出库和其他出库。

11.2.3 单据记账

单据记账是将所输入的各种出入库单据记入存货明细账、差异明细账等。单据记账应注意以下三点：

(1) 无单价的入库单据不能记账，因此记账前应对暂估入库的成本、产成品入库单的成本进行确认或修改。

(2) 各个仓库的单据应该按照时间顺序记账。

(3) 已记账单据不能修改和删除。如果发现已记账单据有错误，在本月未结账状态下可以取消记账。如果已记账单据已生成凭证，就不能取消记账，除非先删除相关凭证。

11.2.4 调整业务

出入库单据记账后，发现单据金额错误，如果是录入错误，通常采用修改方式进行调整。但如果遇到由于暂估入库后发生零出库业务等原因所造成的出库成本不准确或库存数量为零而仍有库存金额的情况，就需要利用调整单据进行调整。

调整单据包括入库调整单和出库调整单。它们都只针对当月存货的出入库成本进行调整,并且只调整存货的金额,不调整存货的数量。

出入库调整单一旦保存即记账,因此已保存的出入库调整单不可修改、删除。

11.2.5 暂估处理

核算系统中对采购暂估入库业务提供了月初回冲、单到回冲、单到补差三种方式,暂估处理方式一旦选择不可修改。无论采用哪种方式都要遵循以下步骤:待采购发票到达后,在采购管理系统中填制发票并进行采购结算,然后在核算系统中完成暂估入库业务成本处理。

11.2.6 生成凭证

在核算系统中,可以将各种出入库单据中涉及存货增减和价值变动的单据生成凭证传递到总账,也可将各种收款单据和付款单据进行制单。

对比较规范的业务,在核算系统的初始设置中可以事先设置好凭证上的存货科目和对方科目,系统将自动采用这些科目生成相应的出入库凭证,并传递给总账。

在选择生成凭证操作时,一般由在总账中有填制凭证权限的操作员来完成。

11.2.7 综合查询

在核算系统中,提供了存货明细账、总账、出入库流水账、入库汇总表、出库汇总表、差异(差价)分摊表、收发存汇总表、存货周转率分析表、入库成本分析、暂估材料余额分析等多种分析统计账表。

在查询过程中,应注意查询条件输入的准确性、灵活性。

11.2.8 月末处理

核算系统的月末处理工作包括期末处理和结账两部分。

1. 期末处理

当核算系统日常业务全部完成后,进行期末处理,系统自动计算全月平均单价及本会计月出库成本,自动计算差异率(差价率)以及本会计月的分摊差异/差价,并对已完成日常业务的仓库/部门做处理标志。

2. 月末结账

核算系统必须在采购管理系统、销售管理系统、库存管理系统全部结账后,才能进行期末处理,才能结账。

实验十三 存货核算

【实验目的】

掌握 T3 中有关存货核算的相关内容,掌握企业存货日常业务处理方法,理解存货核算系统与其他系统之间的数据传递关系。

【实验准备】

引入"实验九"账套数据。

【实验内容】

1. 单据处理。
2. 暂估业务处理。
3. 生成凭证。
4. 存货账簿查询。
5. 月末处理。

【实验要求】

以"丁力"的身份进行存货核算操作。

【实验资料】

2015 年 1 月存货业务如下。

1. 1月3日,向新华印刷厂订购复印纸200包,单价为15元,将收到的货物验收入材料库,并填制采购入库单。

2. 1月7日,销售二部向北京图书大厦销售《养生智慧》220册,含税单价为50元,货物从产品二库发出,填制销售发货单。

3. 1月31日,将1月3日发生的采购复印纸的入库成本增加300元。

4. 1月31日,调整1月7日销售给北京图书大厦的《养生智慧》的出库成本100元。

【操作指导】

1. 存货业务 1

在采购系统中,输入采购入库单;在库存系统中,对采购入库单进行审核;在核算系统中,对采购入库单进行记账并生成凭证。

注意:

记账时选择"采购入库单(暂估记账)",生成凭证的存货科目为"140302",对方科目为"1401"。

2. 存货业务 2

在销售系统中,输入销售发货单并审核;在库存系统中,对根据发货单生成的销售出库单进行审核;在核算系统中,对销售出库单进行记账并生成凭证。

3. 存货业务 3

(1) 在存货核算系统中录入调整单据

① 选择"核算"|"入库调整单"命令,进入"入库调整单"窗口。

② 单击"增加"按钮,选择"材料库",输入日期"2015-01-31",选择收发类别"采购入库",部门"采购部",供应商"新华印刷厂"。

③ 选择存货编码"1002 复印纸",调整金额"300 元",如图 11-2 所示。

图 11-2　录入入库调整单

④ 单击"保存"按钮。

注意:

入库调整单是对存货的入库成本进行调整的单据,可针对单据进行调整,也可针对存货进行调整。

(2) 在存货核算系统中生成入库调整凭证

① 选择"核算"|"凭证"|"购销单据制单"命令,进入"生成凭证"列表窗口。单击"选择"按钮,打开"查询条件"对话框。

② 选中"入库调整单"选项,单击"确认"按钮,进入"生成凭证"窗口。

③ 选择单据,单击"确定"按钮,出现凭证列表。

④ 选择凭证类别为"转账凭证",单击"生成"按钮,系统显示生成的转账凭证。

⑤ 单击"保存"按钮,凭证左上角出现红色的"已生成"标记,表示该凭证已传递到总账,如图11-3所示。

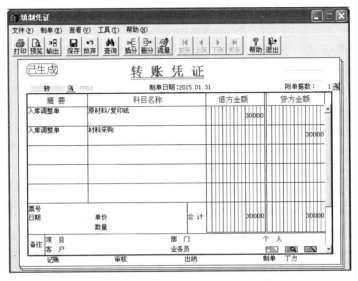

图11-3 入库调整单生成凭证

4. 存货业务4

(1) 在存货核算系统中录入调整单据

① 选择"核算"|"出库调整单"命令,进入"出库调整单"窗口。

② 单击"增加"按钮,选择仓库"产品二库",输入日期"2015-01-31",选择收发类别"销售出库",部门"销售二部",客户"北京图书人厦"。

③ 选择存货编码"2003 养生智慧",调整金额"100元",如图11-4所示。

图11-4 录入出库调整单

④ 单击"保存"按钮，再单击"退出"按钮。

注意：

出库调整单是对存货的出库成本进行调整的单据，只能针对存货进行调整。

(2) 在存货核算系统中生成出库调整凭证

操作步骤参见存货业务3。生成的出库调整凭证如图11-5所示。

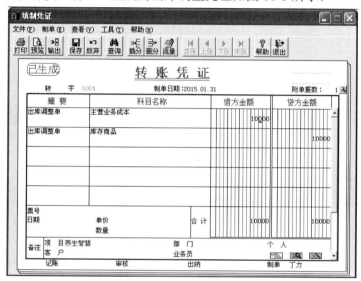

图11-5 出库调整单生成凭证

5．账簿查询

在存货日常业务处理完毕后，进行存货账表查询。

6．数据备份

在存货日常业务处理完毕后，进行账套数据备份。

7．月末处理

(1) 期末处理

① 选择"核算"|"期末处理"命令，打开"期末处理"对话框。
② 选择需要进行期末处理的仓库，单击"确认"按钮，弹出系统提示"您将对所选仓库进行期末处理，确认进行吗？"，单击"确定"按钮，系统自动计算存货成本，完成后，弹出"期末处理完成"信息提示框，单击"确定"按钮返回。

注意：

- 如果存货成本按全月平均法或计划价/售价方式核算，当月业务全部完成后，用户要进行期末处理。

- 存货核算期末处理需要在采购管理、销售管理、库存管理系统结账后进行。
- 期末处理之前应检查需要记账的单据是否已全部记账。

(2) 月末结账

① 选择"核算"|"月末结账"命令,打开"月末结账"对话框。
② 单击"确认"按钮,弹出系统提示"月末结账完成!",单击"确定"按钮返回。